Christian Püttjer + Uwe Schnierda

Bewerbungsberatung für
Angestellte

⇒ Der Praxisratgeber für Auf- und Umsteiger

ISBN 3-929558-10-6

© 1999 by Sit Up!-Verlag, Kiel

Verlagsanschrift: Sit Up!-Verlag, Knorrstraße 1, 24106 Kiel
Tel.   (0431) 33 02 94
Fax   (0431) 33 02 75

Foto: Carsten von Dein
Druck: Tallinna Raamatutrükikoda, Tallinn/Estland

Inhalt

1. Typische Bewerberfehler - und wie dieses Buch Ihnen hilft, sie zu vermeiden

„Die schlimmsten Fehler von Bewerbern sind Standardanschreiben und -lebensläufe mit Flüchtigkeitsfehlern, mangelhafte Vorbereitung auf Vorstellungsgespräche und die fehlende Auseinandersetzung mit den eigenen beruflichen Stärken."

Ekkehard Härtel, Leiter Personalentwicklung, Miele & Cie.

Diesen Bewerbungsratgeber für Angestellte haben wir, Christian Püttjer und Uwe Schnierda, aus unserer langjährigen Tätigkeit als Bewerbungtrainer und Karriereberater heraus geschrieben. Im Mittelpunkt der von uns vorgestellten Bewerbungsstrategien steht immer die Umsetzung durch Sie als Bewerberin oder Bewerber. Daher finden Sie in unserem Ratgeber viele Übungen, Beispiele und Muster für Bewerbungsunterlagen, die Ihnen helfen, Ihr neues Wissen bei Ihrer Bewerbung einzusetzen.

Insiderwissen

Mit unserer „Bewerbungsberatung für Angestellte" versetzen Sie sich in die Lage, die ausgesprochenen und unausgesprochenen Anforderungen des Bewerbungsverfahrens zu durchschauen. Die Tips, Techniken und Hinweise, die wir Ihnen vorstellen, ermöglichen Ihnen, Ihr Gespür für situationsangemessenes Handeln im Bewerbungsverfahren zu entwickeln und auszubauen.

Situationsgemäß Handeln

Angestellte, die auf der Suche nach einem neuen Arbeitsplatz sind, müssen heute deutlich mehr Vorarbeit leisten als früher. Die Veränderungen in der Arbeitswelt haben dazu geführt, daß die Anforderungen an Bewerber gestiegen sind. Wir zeigen Ihnen, wie Sie durch gezielte Informationssuche Pluspunkte sammeln und was

Pluspunkte sammeln

5

Sie beachten müssen, wenn es darum geht, die gewonnenen Informationen für Firmen schriftlich und mündlich aufzubereiten.

Der Weg zum neuen Arbeitsplatz

Eine erfolgreiche Bewerbung verläuft in Stufen. Die folgende Abbildung zeigt Ihnen, was alles dazu gehört:

Suche nach einem neuen Arbeitsplatz

1. Vorbereitungsphase Seite 11 bis 56
⇩
Informationssuche: Erwartungen der Firmen an Bewerber
⇩
Berufswechsel begründen
⇩
Verarbeiten der Informationen in Ihrem Verkaufsprospekt
⇩
Einen neuen Arbeitgeber finden
⇩
2. Bewerbungsphase Seite 57 bis 186
⇩
Telefonisch bewerben
⇩
Formale Gestaltung der schriftlichen Unterlagen
⇩
Inhaltliche Ausformulierung der schriftlichen Unterlagen
⇩
Vorbereitung auf Vorstellungsgespräche
⇩
Vorbereitung auf Assessment Center (werden nicht immer durchgeführt)
⇩
3. Arbeitsvertrag lesen und unterschreiben

Damit Sie die Bewerbung für Ihren neuen Arbeitsplatz punktgenau angehen können, geben wir Ihnen nun einen Überblick darüber, wo unvorbereitete Bewerber Fehler machen und was Sie tun können, um diese zu vermeiden:

- Bewerber mit Berufserfahrung neigen dazu, im Bewerbungsverfahren zu sehr die fachlichen Kenntnisse in den Vordergrund zu stellen und die persönlichen Fähigkeiten dabei zu vernachlässigen. Setzen Sie sich im Kapitel *Was Firmen von Bewerbern erwarten* [Seite 11ff.] mit den aktuellen Anforderungen von Firmen auseinander.

  Was verlangt der Arbeitsmarkt?

- Ihren Berufswechsel nachvollziehbar zu begründen, ist eine Ihrer Hauptaufgaben! Warum verlassen Sie die Firma? Sind Sie ein Unruhestifter? Gehen Sie schwierigen Situationen aus dem Weg? Hat man Ihnen gekündigt? Wenn Sie unnötige Spekulationen über Ihren Wechsel vermeiden wollen, müssen Sie aktiv werden. Wir vermitteln Ihnen im Kapitel *Berufswechsel begründen* [Seite 23ff.], wie Sie Ihren Umstieg für Personalverantwortliche plausibel machen.

  Berufswechsel begründen

- Das Herzstück unserer Beratungstätigkeit ist die personenbezogene Entwicklung des beruflichen Stärkenprofils von Bewerbern. Im Kapitel *Überzeugen in drei Minuten: Ihr Verkaufsprospekt* [Seite 30ff.] lernen Sie, wie Sie Ihre Stärken so darstellen, daß Sie aus der Bewerbermasse positiv herausragen.

  Ihr Verkaufsprospekt

- Klassische und kreative Methoden bei der Suche nach einem neuen Arbeitgeber stellen wir Ihnen im Kapitel *Einen neuen Arbeitgeber finden* [Seite 48ff.] vor.

  Der neue Arbeitgeber

- Wie Sie Zeit, Geld und Nervenkraft sparen und sich Vorteile im Bewerberrennen erarbeiten, erläutern wir Ihnen im Kapitel *Telefon und Bewerbung* [Seite 57ff.]. Sie lernen dort, wie Sie den Griff zum Telefonhörer vorbereiten und durch geschicktes Fragen Startvorteile gegenüber denjenigen erwerben, die die Bewer-

  Startvorteil Telefon

bungsunterlagen ohne telefonischen Erstkontakt absenden.

So wird ausgewählt

- Angestellte auf dem Sprung nach oben sind mit den Verfahren, die bei der Bewerberauswahl eingesetzt werden, oft nicht vertraut. Das Kapitel *Mit diesen Verfahren wird ausgewählt* [Seite 66ff.] macht Sie mit den auf Sie zukommenden Auswahlverfahren bekannt.

Unterlagen aufbereiten

- Bei der Gestaltung und Ausformulierung der schriftlichen Unterlagen - Anschreiben, Lebenslauf, Foto, Mappe, Zeugnisse und sonstige Leistungsnachweise - tun sich alle Bewerber schwer. Wir zeigen Ihnen, wie Sie formale Fehler vermeiden und wie Sie inhaltlich überzeugen. Lesen Sie das Kapitel *Schriftliche Unterlagen* [Seite 68ff.].

Musteranschreiben, Musterlebensläufe

- Hand aufs Herz, hätten Sie nicht doch am liebsten ein Musteranschreiben und einen Musterlebenslauf, in die Sie nur noch Ihren Namen und Ihr Geburtsdatum eintragen müßten? Nach der gründlichen Beschäftigung mit diesem Bewerbungsratgeber wird Ihnen klar sein, daß gerade in der individuellen Darstellung Ihrer fachlichen Kenntnisse und persönlichen Fähigkeiten die Chance liegt, sich von Mitbewerbern abzusetzen und so den Sprung zum neuen Arbeitsplatz zu schaffen. Natürlich haben wir trotzdem Verständnis für Ihre Wünsche. Wir stellen Ihnen daher im Kapitel *Musteranschreiben und Musterlebensläufe* [Seite 113ff.] Bewerbungsunterlagen aus unserer Beratungspraxis vor.

Im Gespräch überzeugen

- Ist die Hürde der schriftlichen Vorauswahl überwunden, gilt es im Vorstellungsgespräch Punkte zu sammeln. Wir zeigen Ihnen im Kapitel *Vorstellungsge-*

spräche [Seite 129ff.], mit welchen Antworten Sie überzeugen. Damit Sie nicht in Bewerberfallen tappen, bereiten wir Sie intensiv auf die beliebtesten Fragen (Nennen Sie uns drei Ihrer Stärken und Schwächen!) und Streßfragen (Ich glaube, Sie sind nicht der Richtige für uns!) vor. Weiterhin stellen wir Ihnen Tricks zum gezielten Einsatz von Körpersprache vor.

- Das Antwortverhalten von Bewerbern läßt sich durch Training positiv beeinflussen. Im Kapitel *Beispielfragen und Beispielantworten* [Seite 160ff.] bekommen Sie Anregungen und Ideen, um Ihren eigenen Antwortstil zu entwickeln und auszubauen.

Fragen und Antworten

- Der Wunsch nach einer qualifizierteren Position in Verbindung mit einer überdurchschnittlichen Gehaltserhöhung ist für viele Bewerber einer der Hauptgründe zu wechseln. Im Kapitel *Gehalt* [Seite 165ff.], erläutern wir Ihnen, wie Sie Ihre Gehaltsverhandlungen sinnvoll vorbereiten.

Gehaltspoker

- Im Kapitel *Assessment Center* [Seite 171ff.] erfahren Sie, was ein Assessment Center ist und warum es bei der Auswahl von Bewerbern eingesetzt wird. Wir stellen Ihnen die Übungstypen vor, mit denen Sie rechnen müssen, nennen Ihnen die Anforderungen in den einzelnen Übungen und zeigen Ihnen, wie Sie sich vorbereiten können.

Durchsetzen im Assessment Center

- Umstrukturierungsmaßnahmen der Unternehmen treffen Bewerber, die älter als 40 Jahre sind, besonders hart. Das Kapitel *Bewerben mit 40 plus* [Seite 177ff.] setzt sich mit dem besonderen Begründungsbedarf auseinander, dem diese Bewerbergruppe beim Wechsel des Arbeitsplatzes unterliegt.

Bewerben mit über 40 Jahren

Checkliste *Woran Bewerber scheitern und welches Kapitel Abhilfe schafft*

- Aktuelle Anforderungen der Firmen an die Bewerber werden nicht erkannt (Kap. 2).
- Keine Begründung des Firmenwechsels (Kap. 3).
- Die besonderen Kenntnisse und Fähigkeiten des Bewerbers sind nicht erkennbar (Kap. 4).
- Die Suche nach einem neuen Arbeitgeber findet ziellos statt (Kap. 5, 6).
- Die Bewerbung verläuft unpersönlich, Telefongespräche zur direkten Kontaktaufnahme finden nicht statt (Kap. 6).
- Die Auswahlverfahren, auf die die Bewerber treffen, sind nicht bekannt (Kap. 7, 8, 10, 13).
- Die formalen Anforderungen der schriftlichen Bewerbung werden nicht beachtet (Kap. 8).
- Die inhaltliche Ausgestaltung von Anschreiben und Lebenslauf ist mangelhaft (Kap. 4, 8, 9).
- Eine Auseinandersetzung mit den Fragekomplexen im Bewerbungsgespräch - Stärken und Schwächen, Motivation, Interesse für die Firma, Persönlichkeit, private Lebensgestaltung - hat nicht stattgefunden (Kap. 10, 11).
- Die Bewerber setzen ihre Körpersprache in Vorstellungsgesprächen falsch ein (Kap. 10).
- Zu hohe Gehaltsforderungen führen zu einem frühzeitigen Ausscheiden aus dem Bewerbungsverfahren (Kap. 12).
- Problembewerber, wie Bewerber mit vielen Berufswechseln oder Bewerber, die älter als 40 Jahre sind, können nicht verdeutlichen, daß sie den anstehenden Wechsel gut vorbereitet haben (Kap. 3, 14).
- Bewerbungsrundschreiben lassen den Eindruck entstehen, daß der Bewerber seiner jetzigen Position nicht gewachsen ist (Kap. 2, 3, 4, 8).

2. Was Firmen von Bewerbern erwarten

„Neben ausgeprägten fachlichen Qualitäten sind Kompetenzen wie Kontaktfreude, Teamfähigkeit, Leistungsbereitschaft und Verantwortungsbewußtsein entscheidende Voraussetzungen für den beruflichen Erfolg."

Wolfgang Westphal, Stellvertretender Abteilungsleiter Personalentwicklung, Sparkasse München

Bevor wir Ihnen zeigen, wie Sie sich bei der Bewerbung auf Ihren neuen Arbeitsplatz schriftlich und mündlich präsentieren sollten, erst einmal ein Perspektivenwechsel. Welche Anforderungen werden aus der Sicht der Firmen an qualifizierte Mitarbeiter gestellt? Ihre gründliche Auseinandersetzung mit den Erwartungen der Firmen ist der erste Schritt auf dem Weg zur überzeugenden Bewerbung und wird später belohnt werden. Wenn Sie wissen, was Firmen von Ihnen verlangen, können Sie diese Anforderungen aufgreifen und sich so darstellen, daß die Erwartungen erfüllt werden.

Die andere Seite

Die Anforderungen der Firmen an Angestellte lassen sich in zwei Gruppen einteilen: In gesuchte fachliche Kenntnisse und in gesuchte persönliche Fähigkeiten.

Wissen und Persönlichkeit

Klassische Anforderungen: Fachliche Kenntnisse

Weil Sie ohne Fachkenntnisse keinen Beruf ausüben können, bezeichnen wir fachliche Kenntnisse als klassische Anforderungen. Ohne Fachkenntnis geht überhaupt nichts. Fachliche Kenntnisse werden auch als Fachwissen oder fachliche Kompetenz bezeichnet. Es geht darum, welches Wissen Sie in bestimmten Bereichen, die für Ihr Tätigkeitsfeld wichtig sind, haben.

Paßgenaue Bewerber

Bei allen Firmen ist zur Zeit der Trend festzustellen, daß der fachlich paßgenaue Bewerber gesucht wird. Das heißt, daß die fachliche Kompetenz des Bewerbers möglichst genau mit den fachlichen Anforderungen des Wunschunternehmens übereinstimmen sollte.

Drei Klassiker

Die Firmen teilen Fachkenntnisse in verschiedene Wissensbereiche ein. Wenn Sie sich um einen neuen Arbeitsplatz bewerben, bestehen die Anforderungen an Ihre fachlichen Kenntnisse immer aus einer Mischung der folgenden klassischen Wissensbereiche (Klassiker):

- Klassiker 1: Berufskenntnisse
- Klassiker 2: Fremdsprachenkenntnisse
- Klassiker 3: Computerkenntnisse

Klassiker 1: Berufskenntnisse
Berufskenntnisse sind die Verknüpfung des in der Berufsausbildung angeeigneten Fachwissens (Ausbildungswissen) mit den in der beruflichen Praxis erworbenen Kenntnissen (Berufswissen).

Berufskenntnis ist gefragt

Wenn Sie beispielsweise als Werbekauffrau in der Werbeabteilung eines Unternehmens tätig sind, wissen Sie, wie man Kataloge und Mailings erstellt und wie Verkaufsunterlagen textlich und konzeptionell gestaltet werden. Sie können Anzeigenwerbung koordinieren, Direktwerbeaktionen organisieren und Redaktionsbeiträge für Fachzeitschriften verfassen.

Als Kreditbetreuer für Immobilien besteht Ihre Berufskenntnis darin, daß Sie wissen, wie man Gutachten beurteilt, Sicherheiten bewertet, Kreditvorlagen erarbeitet,

Kreditverträge erstellt und laufende Verträge überwacht.

Als technischer Einkäufer im Maschinenbau bringen Sie Berufskenntnisse darüber mit, wie man Maschinenteile, -elemente und -werkzeuge einkauft, Termine sichert und verfolgt, Beschaffungsmärkte beobachtet und analysiert und leistungsfähige und kostengünstige Bezugsquellen ermittelt.

Klassiker 2: Fremdsprachenkenntnisse
Der Trend zur europaweiten bzw. weltweiten Arbeitsteilung führt dazu, daß die Anforderungen der Firmen an das Sprachvermögen der Mitarbeiter ständig steigen. *Import und Export* Es geht den Firmen nicht darum, daß ihre Angestellten über perfekte Sprachkenntnisse wie Dolmetscher verfügen. Wenn aber für eine ausgeschriebene Stelle bestimmte Sprachkenntnisse verlangt werden, sollte der Bewerber deutlich machen, daß er in der gewünschten Sprache Verhandlungen im Telefon- und Schriftverkehr führen kann. Wie Sie Ihre Sprachkenntnisse im Lebenslauf darstellen und bewerten, zeigen wir Ihnen im Kapitel „Lebenslauf", Seite 84ff..

Klassiker 3: Computerkenntnisse
Fachkenntnisse in PC-Anwendungsprogrammen wie Textverarbeitung, Tabellenkalkulation oder Datenbanken sind aus dem Arbeitsalltag für Angestellte nicht mehr wegzudenken. *Kollege Computer*

Auch wenn sich bestimmte Standardprogramme durchgesetzt haben, verwenden noch längst nicht alle Firmen identische PC-Programme. Werden in Stellenausschreibungen von Ihnen bestimmte PC-Kenntnisse verlangt, über die Sie nicht verfügen, heißt dies nicht, daß Sie mit

Ihrer Bewerbung chancenlos sind. Im Bewerbungsverfahren ist es oft ausreichend, wenn Bewerber schlüssig belegen, daß sie über tägliche PC-Praxis verfügen und deshalb in der Lage sind, sich schnell in neue Programme einzuarbeiten. Zur Darstellung Ihrer PC-Kenntnisse im Lebenslauf siehe Kapitel „Lebenslauf", Seite 84ff..

Ist das alles?

Fachliche Kenntnisse allein reichen heute nicht mehr aus, um qualifizierte Berufe erfolgreich ausüben zu können. Deshalb machen wir Sie jetzt mit der zweiten Gruppe von Anforderungen - den persönlichen Fähigkeiten - vertraut.

Neue Anforderungen: Persönliche Fähigkeiten

Neue Reizworte

Wenn Sie den Stellenanzeigenteil einer beliebigen Zeitung überfliegen, merken Sie schnell, daß bestimmte Worte in den einzelnen Anzeigen immer wieder auftauchen. Beispielsweise die Begriffe Flexibilität, Motivation, Kommunikationsfähigkeit, Initiativfähigkeit, Organisationsgeschick und viele andere. Diese Worte haben keinen direkten Bezug auf die fachlichen Kenntnisse der Bewerberinnen und Bewerber, sie beziehen sich auf die Person. Daher werden sie auch „persönliche Fähigkeiten", „außerfachliche Fähigkeiten", „nichtfachliche Fähigkeiten" oder auch „soziale Kompetenz" genannt.

Es geht bei den persönlichen Fähigkeiten darum, wie Sie ihre Fachkenntnisse bei der Lösung von beruflichen Aufgaben einsetzen und wie Sie bei der Arbeit mit Kollegen, Mitarbeitern und Kunden umgehen.

Mitarbeiter, die über Fachwissen verfügen, reichen den Firmen nicht, sie wollen auch, daß es zur Lösung beruflicher Aufgaben eingesetzt wird. Welche Anwendungsfähigkeiten sind gefragt? Die wichtigsten fünf persönlichen Fähigkeiten haben wir für Sie zusammengefaßt.

Berufliche Aufgaben lösen

- Trend 1: Kundenorientierung
- Trend 2: Teamarbeit/Projektarbeit
- Trend 3: Selbständiges Arbeiten
- Trend 4: Belastungs- und Kritikfähigkeit
- Trend 5: Lernbereitschaft

Trend 1: Kundenorientierung
Qualifizierte Berufe wie beispielsweise Bürokauffrau, Bankkaufmann, Industriekauffrau, Kaufmann im Groß- und Außenhandel, Steuerfachangestellte, Versicherungskaufmann oder Reiseverkehrskauffrau haben alle gemeinsam, daß die Orientierung auf den Kunden und seine speziellen Wünsche immer wichtiger wird. Den Hintergrund für diese Entwicklung sehen die Firmen darin, daß die angebotenen Produkte und Dienstleistungen heute immer austauschbarer werden. Deswegen sind andere Faktoren im Wettbewerb um die Gunst des Kunden entscheidend geworden: Wer behandelt seine Kunden so, daß sie auch noch das nächste Mal zu ihm kommen? Wer bietet den besten Service, nachdem ein Produkt verkauft wurde? Wer ist in der Lage, fachlich zu beraten und Terminvorgaben einzuhalten?

Der Kunde ist König

Wenn Sie der Forderung nach Kundenorientierung gerecht werden wollen, müssen Sie verdeutlichen, daß Sie wissen, wie wichtig enge Kundenbindungen für den Unternehmenserfolg sind, daß Sie keine Angst vor Kundenkontakt haben und daß Sie über die notwendigen

Erfolg durch Kundenbindung

15

sprachlichen Ausdrucksfähigkeiten und eine gute Portion an Verhandlungsgeschick verfügen.

Trend 2: Teamarbeit/Projektarbeit

Einzelkämpfer sind out

Teamfähigkeit ist der Ausdruck dafür, wie Sie mit anderen Menschen umgehen, wenn eine Aufgabe gemeinsam zu lösen ist. Diese persönliche Fähigkeit wird von den Firmen als unverzichtbare Eigenschaft von Bewerbern angesehen. Der schweigsame Einzelkämpfer, der Informationen für sich behält, alleine vor sich hinarbeitet und keinen Kontakt zu den anderen Beschäftigten hält, ist in Firmen nicht lange überlebensfähig.

Projektarbeit

Projektarbeit ist eine moderne Form der Teamarbeit. Im Unterschied zur klassischen Teamarbeit werden zur Bewältigung von Aufgaben nicht nur Mitarbeiter aus einer Abteilung oder Arbeitsgruppe, sondern aus verschiedenen Abteilungen eingesetzt. Soll beispielsweise in einer Bank ein neues Modell für Girokonten entwickelt werden, ist für diese Arbeit das Wissen von unterschiedlichen Experten gefragt. Die Werbeprofis schmieden Pläne für eine Marketing-Kampagne, die Kostenexperten errechnen am Computer, zu welchen Preisen das neue Konto angeboten werden kann und die Kundenberater überlegen, wie sie im Gespräch am Schalter möglichst viele Kunden von den Vorzügen des neuen Girokontos überzeugen können. Dies alles geschieht in ständiger Abstimmung untereinander. Regelmäßige Konferenzen und Treffen begleiten den Arbeitsprozeß bis zur Markteinführung.

Teamfähigkeit verordnen?

Teamfähigkeit und die Fähigkeit zur Projektarbeit lassen sich nicht einfach von oben herab verordnen. Diese Fähigkeiten müssen bereits während der Ausbildung und während der ersten Berufsjahre entwickelt worden sein.

Um festzustellen, wie teamfähig Sie sind, werden Ihnen im Vorstellungsgespräch spezielle Fragen gestellt (siehe Kapitel „Vorstellungsgespräche", Seite 129ff.).

Trend 3: Selbständiges Arbeiten

Begriffe wie „Eigeninitiative", „Verantwortung", „einsatzfreudig", „engagiert", „aufgeweckt" oder „selbständig" tauchen in Anzeigen immer häufiger auf. Das zeigt deutlich, daß das eigenständige Handeln der Mitarbeiter mit dem Siegeszug der Teamarbeit noch lange nicht abgeschafft worden ist. Um im Team etwas bearbeiten zu können, muß sich jeder einzelne sorgfältig vorbereiten. Teamarbeit bedeutet nämlich nicht, sich hinter einer Gruppe zu verstecken und nur dann aufzutauchen, wenn es um die Belohnung für gute Gruppenleistungen geht. Optimale Teamergebnisse gelingen nur dann, wenn Mitarbeiter mitdenken, Vorschläge machen und sich selbst überlegen, wie sie Arbeitsabläufe verbessern können.

Der einzelne in der Gruppe

Trend 4: Belastungs- und Kritikfähigkeit

Stärkere Arbeitsbelastung während der Arbeitsspitzen führt dazu, daß die Beschäftigten zeitweise großem Druck ausgesetzt sind. Nimmt die Belastung zu, ist der Umgangston im Betrieb oft etwas rauher. Firmen erwarten, daß Mitarbeiter in der Lage sind, diesen stärkeren Druck über eine gewisse Zeit auszuhalten. Ihre Fähigkeiten im Umgang mit Streß am Arbeitsplatz sind also gefragt. Wer unter Streß schnell die Nerven verliert, wer sich mehr damit beschäftigt, ständig darüber zu diskutieren, wer etwas falsch gemacht hat oder wer sich beleidigt in die Schmollecke zurückzieht, kassiert Minuspunkte. Die Firmen wollen Mitarbeiter, die sich auch bei Gegenwind nicht gleich unterkriegen lassen. Bewerber, die Belastungen aushalten und die über die

Wenn es hektisch wird

Bereitschaft verfügen, Kritik anzunehmen und sich damit auseinanderzusetzen, sind gefragt.

Um die Belastungs- und Kritikfähigkeit von Bewerbern zu überprüfen, werden im Vorstellungsgespräch Streßfragen eingestreut oder Assessment Center durchgeführt. Mehr dazu in den Kapiteln „Vorstellungsgespräche", Seite 129ff., und „Assessment Center", Seite 171ff..

Trend 5: Lernbereitschaft

Damit Firmen im Wettbewerb um die Kunden nicht untergehen, ist die regelmäßige Teilnahme der Mitarbeiter an Fort- und Weiterbildungen unverzichtbar. Computerkenntnisse veralten besonders schnell. Ständig werden neue EDV-Systeme und Programme auf den Markt gebracht. Auch die angebotenen Produkte und Dienstleistungen der Firmen ändern sich und es kann nur der sachkundig beraten, der sich vorher gründlich mit der Angebotspalette beschäftigt hat. Daher werden Produkt- und Verkaufsschulungen durchgeführt, und es wird erwartet, daß sich die Mitarbeiter selbständig über Veränderungen informieren.

Die Firmen überprüfen bei Bewerbern, ob die Bereitschaft zu regelmäßigem Lernen vorhanden ist. Beispielsweise werden Bewerber im Vorstellungsgespräch gefragt: „Welches Buch haben Sie zuletzt gelesen?", „Haben Sie neben der Berufstätigkeit Weiterbildungskurse besucht?" oder „Wenn Sie Geld hätten und ein Jahr nicht zu arbeiten bräuchten, was würden Sie dann machen?" (Anworten auf diese Fragen im Kapitel „Vorstellungsgespräche", Seite 129ff.)

Die Firmen wünschen sich von ihren Mitarbeitern ganz bestimmte persönliche Fähigkeiten, die von den zu bewältigenden Aufgaben abhängen. Die Schwierigkeit liegt darin, daß sich persönliche Fähigkeiten nicht so leicht erfassen und in Noten ausdrücken lassen wie Fachkenntnisse. In Schul- und Ausbildungszeugnissen gibt es keine Noten für Flexibilität, Kreativität oder Teamfähigkeit, und Arbeitszeugnisse sind ebenfalls selten aussagekräftig.

Keine Noten für Teamfähigkeit

Hinzu kommt das Problem, daß es sich herumgesprochen hat, daß Firmen bestimmte persönliche Fähigkeiten bei ihren Mitarbeitern erwarten. Deshalb bezeichnet sich mittlerweile jeder Bewerber im Anschreiben und im Vorstellungsgespräch als „motiviert, kreativ und teamfähig". Das Herumwerfen mit Schlagworten erinnert aber unangenehm an die Kontaktanzeigen in den Stadtmagazinen oder an die Party-Lines im Radio. Jeder zweite Anzeigenschreiber oder Anrufer beschreibt sich dort als spontan, witzig oder ausgeflippt. Trotzdem wird man das Gefühl nicht los, daß all diese tollen Typen am liebsten mit Chipstüte und Bierflasche in der Hand vorm Fernseher hocken.

Die Kontaktanzeigen-Falle

Eine der wesentlichen Aufgaben von Personalabteilungen ist deshalb, diejenigen, die über die gewünschten persönlichen Fähigkeiten verfügen, von denen zu unterscheiden, die es nur behaupten. Wir werden Ihnen zeigen, wie Sie gegenüber Firmen die gefragten persönlichen Fähigkeiten in Ihren schriftlichen Unterlagen und im Vorstellungsgespräch überzeugend belegen (siehe Kapitel „Schriftliche Unterlagen", Seite 68ff., und „Vorstellungsgespräche", Seite 129ff.).

Die Funktion der Personalabteilung

19

Übung: *Fachliche Kenntnisse und persönliche Fähigkeiten erkennen*

Welche fachlichen Kenntnisse und welche persönlichen Fähigkeiten bei Bewerbern gefragt sind, haben wir Ihnen gezeigt. Jetzt geht es darum, dieses Wissen anzuwenden. Wir werden Ihnen mit einer Übung vermitteln, die Erwartungen zu erkennen, die die Firmen an ihre zukünftigen Mitarbeiter stellen.

Zunächst ein Übungsbeispiel. Versuchen Sie in der folgenden Stellenanzeige, mit der ein/e Kauffrau/-mann der Grundstücks- und Wohnungswirtschaft gesucht wird, die Anforderungen zu erkennen und orden Sie die einzelnen Anforderungsmerkmale den drei Klassikern der Fachkenntnis oder den fünf Trends der persönlichen Fähigkeiten zu.

Anzeige 1
Kauffrau/-mann der Grundstücks- und Wohnungswirtschaft

„Sie haben Erfahrung im Bereich Buchhaltung/Abrechung für WEG-Objekte und Zinshäuser. Wir erwarten von unserer/m neuen Mitarbeiter/in, daß sie/er flexibel, selbständig und teambezogen arbeitet. Sie sollten Weiterbildungsmaßnahmen offen gegenüber stehen."

Lösung
„Flexibel und selbständig" beziehen sich auf Trend 3 „Selbständiges Arbeiten". Das „teambezogen" verweist auf Trend 2 „Teamarbeit/Projektarbeit". Die „Offenheit gegenüber Weiterbildungsmaßnahmen" gehört zu Trend 5 „Lernbereitschaft". „Erfahrung im Bereich Buchhaltung/Abrechnung für WEG-Objekte und Zinshäuser" bezieht sich auf den Klassiker 1 „Berufskenntnis".

Jetzt sind Sie am Zug. Werten Sie bitte die folgenden Stellenanzeigen aus.

ANZEIGE 2

Netzwerk- und Systemadministrator

„Ihre Hauptaufgabe sehen wir in der Betreuung unserer LAN-/WAN-Netzwerke unter TCP/IP. Darüber hinaus sollten Sie die gängigen MS Backoffice-Produkte beherrschen. Aufgrund unserer Internationalität ist gutes Englisch in Wort und Schrift erforderlich. Sie überzeugen uns, wenn Sie kommunikativ und teamfähig sind."

ANZEIGE 3

Kreditsachbearbeiter/in

„Sie bearbeiten selbständig Firmenkundenengagements, inklusive der Fertigung von Entscheidungsvorlagen, Kredit- und Darlehensverträgen einschließlich der erforderlichen Sicherungsverträge und des laufenden Schriftverkehrs. Neben einer soliden Bankausbildung und guten Fachkenntnissen verfügen Sie über Erfahrungen in der Kreditsachbearbeitung.

ANZEIGE 4

Vertriebsbeauftragte/r

„Sie sollen potentielle Kunden durch Kreativität und Ideenreichtum für unsere Produkte begeistern, Veranstaltungen durchführen und individuelle Lösungen mit den Kunden erarbeiten. Wir erwarten solides betriebswirtschaftliches Know-how, Erfahrung in der Neukundengewinnung, eine teamorientierte Arbeitsweise und Organisationstalent."

ANZEIGE 5

Sachbearbeiter/in für den Bereich Hochbau

„Wir wünschen uns eine/n Mitarbeiter/in mit Berufserfahrung im Bereich Hochbau. Wir erwarten fundierte EDV-Erfahrung, insbesondere Kenntnisse in den Programmen Word und Excel. Wenn Sie außerdem aufgeschlossen sind, über Teamfähigkeit verfügen, Verhandlungsgeschick sowie Überzeugungs- und Durchsetzungsvermögen zu Ihren Fähigkeiten zählen, sollten Sie sich angesprochen fühlen."

ANZEIGE 6

Chefsekretärin/Assistentin

„Ihr zukünftiger Chef erwartet, daß Sie über eine fundierte Sekretariatsausbildung verfügen und Ihre Qualifikation bereits in ähnlicher Position bewiesen haben. Sie sollten die englische Sprache in Wort und Schrift beherrschen und ein sehr gutes Zahlenverständnis haben. Die Position verlangt ein ausgeprägtes kaufmännisches Verständnis und die Bereitschaft, komplexe Sachverhalte zu begleiten."

21

Checkliste *Anforderungen an Bewerber*

- Die Anforderungen an Bewerber lassen sich in zwei Gruppen unterscheiden: In gesuchte fachliche Kenntnisse und in gesuchte persönliche Fähigkeiten.

- Die fachlichen Kenntnisse lassen sich in drei klassische Anforderungen zusammenfassen:
  Klassiker 1: Berufskenntnisse
  Klassiker 2: Fremdsprachenkenntnisse
  Klassiker 3: Computerkenntnisse

- Die persönlichen Fähigkeiten lassen sich in fünf aktuelle Erwartungen bündeln:
  Trend 1: Kundenorientierung
  Trend 2: Teamarbeit/Projektarbeit
  Trend 3: Selbständiges Arbeiten
  Trend 4: Belastungs- und Kritikfähigkeit
  Trend 5: Lernbereitschaft

- Welche fachlichen Kenntnisse und persönlichen Fähigkeiten gefragt sind, hängt von dem angestrebten Tätigkeitsfeld ab.

- Ein Perspektivenwechsel lohnt sich! Die Erwartungen der Firma sind die Prüfkriterien bei der Durchsicht Ihrer Bewerbung. Sie gilt es zu erfüllen.

- Der Erfolg einer Bewerbung entscheidet sich in der Übereinstimmung von Stellenprofil und Bewerberprofil.

- Für das gesamte Bewerbungsverfahren gilt: Die Wünsche der Firmen an die fachlichen Kenntnisse und die persönlichen Fähigkeiten der Bewerber müssen erkannt werden. Inwieweit der Bewerber diese Forderungen erfüllt, muß nachvollziehbar dargestellt werden.

3. Berufswechsel begründen

„Grundsätzlich ist es positiv, sich neu zu orientieren, aber nach zu vielen Wechseln in zu kurzer Zeit wird der Personaler doch skeptisch."
Manfred Hansmann, Personalentwicklung, NORD/LB

Aus unserer Beratungspraxis wissen wir, daß den Bewerberinnen und Bewerbern die Begründung des Berufswechsels gegenüber potentiellen Arbeitgebern besonders schwer fällt. Besondere Vorbereitung ist daher nötig, damit beim neuen Arbeitgeber gar nicht erst der Verdacht aufkommt, daß er lediglich eine Lückenbüßerfunktion hat.

Warum wollen Sie wechseln?

Weshalb wird gewechselt?

Die tatsächlichen Gründe für einen Wechsel des Arbeitgebers sind in 80% der Fälle folgende:

Die Wahrheit

- Mit dem neuen Vorgesetzten ist eine Zusammenarbeit unmöglich geworden.
- Ein Kollege bekommt die intern ausgeschriebene Stelle, auf die man sich selbst beworben hat. Und dies geschieht bereits zum zweiten, dritten, vierten mal.
- Gehaltssteigerungen lassen sich nicht im angestrebten Maße durchsetzen.
- Man hat dem Bewerber zur Gesichtswahrung nahegelegt, sich wegzubewerben, ansonsten würde in nächster Zeit die Kündigung erfolgen.
- Die Firma ist übernommen worden und im Rahmen der Umstrukturierung „rollen Köpfe".
- Die ständige Belastung durch Überstunden ohne finanziellen oder zeitlichen Ausgleich ist von der

Leistungsfähigkeit her mittelfristig nicht mehr zu bewältigen.
*   Interne Karrierekontakte (Lobgemeinschaften) sind wegen des Wegganges mehrerer Kollegen auseinandergebrochen.
*   Der Vorgesetzte, der bisher unterstützt und gefördert hat, hat sich wegbeworben.
*   Der wirtschaftliche Zusammenbruch der Firma ist nur noch eine Frage der Zeit.
*   „Management-by-Mobbing" ist der bevorzugte Führungs- und Umgangsstil in der Abteilung.

Was wird akzeptiert? Unter Bezug auf diese „Hitliste der Krisen und Probleme" können Sie Ihren Stellenwechsel natürlich nicht positiv verkaufen. Sie müssen sozial akzeptierte Gründe für einen Wechsel finden und ihn so nachvollziehbar machen. Keine Angst: Mit gutem Argumentationstraining lassen sich bei allen Berufswechslern entsprechend glaubwürdige Begründungen erarbeiten. Daher als nächstes ein Blick auf die Gründe, die von Firmen akzeptiert werden. Als Grundregel gilt, daß bezogen auf zehn Berufsjahre zwei bis drei Berufswechsel akzeptiert werden, wenn der Bewerber diese zielgerichtet vorgenommen hat, um seine Fähigkeiten weiter auszubauen und so seine berufliche Entwicklung voranzutreiben.

Akzeptiert wird der Wechsel:

*   Wenn der Bewerber deutlich macht, daß die Bewerbung erfolgt ist, weil die ausgeschriebene Position eine planmäßige Fortsetzung des eingeschlagenen Berufszieles ist.
*   Wenn der Bewerber seinen beruflichen Erfolg beim alten Arbeitgeber konkret belegen kann (Umsatz- oder Gewinnsteigerung, Abschlüsse,

etc.) und darlegt, wie die neue Firma von diesen
Erfahrungen profitieren wird.

- Wenn der Bewerber seine fachliche Kenntnisse
  und persönlichen Fähigkeiten am alten Arbeitsplatz konsequent weiterentwickelt hat und diese
  Kenntnisse und Fähigkeiten nun in der neuen
  Position gebündelt einsetzen möchte.

Diese akzeptierten Gründe für einen Stellenwechsel
müssen in Ihrem Anschreiben, Ihrem Lebenslauf und Ihrem Vorstellungsgespräch deutlich werden.

Wunschkandidat gesucht

Der erste Schritt bei der Erarbeitung Ihrer plausiblen   *Schritt 1: Ihr Profil*
Begründung des Stellenwechsels ist eine klare Kenntnis
darüber, wo Ihre fachlichen und persönlichen Stärken
liegen. So haben Sie die optimale Basis, um Ihren angestrebten Stellenwechsel für potentielle Arbeitgeber
nachvollziehbar zu machen. Arbeiten Sie hierzu bitte das
Kapitel „Überzeugen in drei Minuten: Ihr Verkaufsprospekt", Seite 30ff., durch. Bewerber, die um Ihre berufliche Kompetenz wissen, strahlen die Stärke und Über-
zeugungskraft aus, die sie zum „Wunschkandidaten"
von Personalverantwortlichen macht.

Der zweite Schritt ist die Verbindung Ihrer bisherigen   *Schritt 2: Der Weg*
beruflichen Stationen durch eine nach oben aufsteigende   *nach oben*
Linie. Üblicherweise haben Sie zunächst eine Ausbil-
dung oder ein Studium durchlaufen und dann bei verschiedenen Arbeitgebern bzw. in verschiedenen Funk-
tionen gearbeitet. Finden Sie konkrete Beispiele dafür,
wie sich Ihre Kenntnisse und Fähigkeiten in den einzelnen Stationen weiterentwickelt haben. Stellen Sie Ihre

bisherige berufliche Entwicklung so dar, daß sie genau auf die neue Position hinführt.

*Schritt 3:
Weiterentwicklung*

Verdeutlichen Sie beispielsweise, welche Erfahrungen Sie in konkreten Projekten gewonnen haben, die auch für die neue Position wichtig sind. Machen Sie klar, wie Sie Ihre Fähigkeiten im Lauf der Zeit stetig ausgebaut haben. Zeigen Sie auf, wie Sie in der Berufspraxis erkannt haben, was Ihnen gefehlt hat und wie Sie durch gezielte Fort- und Weiterbildungsmaßnahmen Ihr Profil abgerundet haben (Formulierungsbeispiele finden Sie im Kapitel „Musteranschreiben und Musterlebensläufe", Seite 113ff.).

Ehrlichkeit ist kontraproduktiv

Packen Sie bei Fragen zum Grund Ihres Stellenwechsels niemals aus, wenn es sich dabei um einen Grund aus der oben dargestellten „Hitliste der Krisen und Probleme" handelt. Ehrlichkeit hilft beim Absolvieren des Bewerbungsrituals nicht weiter. Die „neue Ehrlichkeitswelle" wird sonst am Ende nur Sie selbst überrollen. Im Strafprozeß und im Bewerbungsverfahren gilt: Es gibt keine Selbstanklagepflicht!

Die Sicht der anderen

Um Ihnen zu verdeutlichen, wie der Rückgriff auf Vorwürfe an andere, wie „schlechte Vorgesetzte", „mangelnde Unterstützung bei der Arbeit", „Mißmanagement der Firmenleitung" aus Sicht von Dritten bewertet werden, führen Sie sich bitte Freunde und Bekannte vor Augen, die eine langjährige Partnerschaft beendet haben. Meinen Sie, eine neue Partnerin bzw. ein neuer Partner ist in der Kennenlernphase begeistert über die detailgetreue Schilderung aller Probleme, die zur Trennung vom alten Partner führten? Wohl kaum, denn viele Gründe für den Bruch liegen im Verborgenen oder sind oft so komplex, daß Außenstehende nicht in der Lage und nicht bereit sind, alle problematischen Details nachzuvollziehen.

Hinzu kommt, daß Sie, wenn Probleme zur Sprache kommen, immer stark emotional engagiert sind. Das führt meistens dazu, daß Sie einen hochroten Kopf bekommen, nicht mehr auf den Punkt kommen und fließend von der Schilderung eines Problems zum nächsten übergehen. Problem- und Vergangenheitsorientierung ist leider eine schlechte Basis für einen neuen Anfang.

Emotionen im Gespräch

Sie erkennen durch unser Beispiel, daß bei der Beendigung der Partnerschaft genauso wie bei der Beendigung der Firmenzugehörigkeit besondere Regeln bei der Vermittlung nach außen gelten. Wenn Sie Erfolg haben wollen, sollten Sie daher „die wahren Gründe" für sich behalten.

Trainieren Sie, zielorientiert zu kommunizieren, machen Sie klar, was Sie zur Erreichung gemeinsamer und neuer Unternehmensziele beitragen werden.

Zielorientierung statt Problemausrichtung

Achten Sie darauf, daß Sie, wenn Sie intensiv nach Problemen am alten Arbeitsplatz befragt werden, nur allgemein antworten.

Beispiel „*Der ehemalige Vorgesetzte*"
„Was hat Sie an Ihrem alten Vorgesetzten besonders gestört?" „Ich habe gut mit meinem alten Vorgesetzten zusammengearbeitet. Es kann natürlich einmal Probleme geben, wenn Informationen zu spät weitergegeben werden. Da wir ein gutes Abteilungsklima hatten, kam so etwas aber selten bei uns vor."

Beispiel „*Streßfrage*"
„Seien Sie 'mal ehrlich, Sie wollen doch aus irgendeinem Grund schnell weg von Ihrem alten Arbeitgeber?

Sind Sie vielleicht ein Querulant?" „Es tut mir leid, wenn ich Ihnen bisher nicht deutlich genug machen konnte, was ich für die von Ihnen ausgeschriebene Position an Kenntnissen und Fähigkeiten mitbringe. Gerade meine Kenntnisse in X und Y (Verkaufsprospekt) bilden meiner Meinung nach eine optimale Basis, um die von Ihnen geschilderten Anforderungen zu erfüllen. In welchem Punkt konnte ich Sie noch nicht überzeugen?"

Unterstellungen entkräften

Auf Unterstellungen und Vermutungen über den „wahren" Grund Ihres Wechsels brauchen Sie nicht einzugehen. Nehmen Sie statt dessen immer eine inhaltliche Position ein, d.h. argumentieren Sie aus den Anforderungen der neuen Position heraus und belegen Sie konkret, wie Sie die Anforderungen erfüllen.

Kompetenz und Entwicklung

Niemand will „die Katze im Sack kaufen", daher sind neue Arbeitgeber zu Recht mißtrauisch, wenn Bewerber vom alten Arbeitgeber weg wollen. Schwierige Mitarbeiter und Querulanten sind gefürchtet. Richten Sie daher Ihr Anschreiben und Ihren Lebenslauf so aus, daß erkennbar wird, daß die Bewerbung um die ausgeschriebene Position eine Weiterverfolgung des von Ihnen eingeschlagenen Berufsweges ist. Im Vorstellungsgespräch behalten Sie diese Argumentationslinie bei.

Im schriftlichen und mündlichen Bewerbungsverfahren ist die gründliche Kenntnis und die Darstellung der Entwicklung Ihrer fachlichen Kenntnisse und persönlichen Fähigkeiten die Basis für die Beantwortung der unausgesprochenen oder ausgesprochenen Frage: „Warum wollen Sie wechseln?"

Checkliste *Den Wechsel begründen*

- Die tatsächlichen Gründe und die von Personalverantwortlichen akzeptierten Gründe für einen Stellenwechsel stimmen in der Regel nicht überein.
- Ehrlichkeit ist bei der Begründung des Stellenwechsels oft kontraproduktiv, weil bei der Schilderung von Konflikten am alten Arbeitsplatz zu viele Emotionen im Spiel sind. Unter Personalverantwortlichen gilt: Im Zweifel gegen den Angeklagten (und das sind leider Sie).
- Sie überzeugen, wenn Sie im schriftlichen und mündlichen Bewerbungsverfahren verdeutlichen, daß Sie sich bei einem neuen Arbeitgeber beworben haben, weil Sie Ihre Kenntnisse und Fähigkeiten in der neuen Position gebündelt einsetzen werden.
- Um den Stellenwechsel zu begründen, müssen Sie sich gründlich mit Ihrem beruflichen Stärkenprofil auseinandergesetzt haben. Nutzen Sie hierfür das Kapitel „Überzeugen in drei Minuten: Ihr Verkaufsprospekt", Seite 30ff..
- Stellen Sie Ihre bisherigen beruflichen Stationen als eine nach oben aufsteigende Linie dar. Machen Sie mit Beispielen deutlich, weshalb Ihre berufliche Entwicklung genau auf die ausgeschriebene Position hinführt.
- Reagieren Sie gelassen auf Streßfragen und Unterstellungen. Dies gelingt, indem Sie ruhig und sachlich antworten und sich bei Ihrer Argumentationslinie zum Stellenwechsel auf Ihren Verkaufsprospekt beziehen.
- Kommunizieren Sie zielorientiert, indem Sie die Unternehmensziele und Ihre persönlichen Ziele nennen und darstellen, wie sich beide zur Deckung bringen lassen. Setzen Sie Schlüsselbegriffe aus der Stellenausschreibung und sonstigem Informationsmaterial über den neuen Arbeitgeber ein (Firmenbroschüren, Nachschlagewerke, etc.).

4. Überzeugen in drei Minuten: Ihr Verkaufsprospekt

„Schüchterne sind ebensowenig gefragt wie Aufschneider. Wer etwas zu bieten hat, sollte dies auch selbstbewußt sagen."

Anke Hattendorf, Leiterin Personalmarketing, Volkswagen AG

Überzeugungsarbeit

Um eine Firma davon zu überzeugen, Ihnen einen Arbeitsplatz zu geben, müssen Sie Ihre fachlichen Kenntnisse und Ihre persönlichen Fähigkeiten schriftlich und mündlich so darstellen, daß Sie sich von anderen Bewerberinnen und Bewerbern positiv unterscheiden.

Bedenken Sie: Nicht derjenige, der die Anforderungen des zu vergebenden Arbeitsplatzes am besten erfüllt, wird eingestellt, sondern derjenige, der sich im Bewerbungsverfahren am überzeugendsten darstellt. **Die Entwicklung eines glaubwürdigen Verkaufsprospektes ist deshalb das Fundament für Ihre gesamten Bewerbungsaktivitäten.**

Verkaufsargumente

Mit den Informationen und den Übungen aus diesem Kapitel werden wir Sie in die Lage versetzen, Ihren eigenen Verkaufsprospekt zu entwickeln. Los geht es damit, daß Sie lernen, sich mündlich so darzustellen, daß klar wird, daß Sie die/der Richtige für den Arbeitsplatz sind. Ihr Vortrag zum Thema „Warum ich in Ihrer Firma als XYZ arbeiten will!" wird eine Länge von etwa drei Minuten haben. In Schriftform entspricht diese Werbung in eigener Sache einer maschinengeschriebenen DIN A4 Seite, also genau der Länge eines Anschreibens.

Mit einem gut ausgearbeiteten Verkaufsprospekt haben Sie somit die Grundlage für...

- Ihre Anschreiben,
- Ihre telefonischen Erstkontakte bei der Reaktion auf Stellenanzeigen und
- Ihre Antworten auf die wichtigsten Fragen in Vorstellungsgesprächen „Was macht Sie für die ausgeschriebene Position geeignet?" und „Warum sollten wir gerade Sie einstellen?"

Die Werbung in eigener Sache fällt Bewerberinnen und Bewerbern naturgemäß schwer. Dies liegt daran, daß die Abstufungen zwischen Überheblichkeit und übertriebener Selbstdarstellung auf der einen Seite und Unterwürfigkeit und Graue-Maus-Image auf der anderen Seite sehr fein sind. Es ist schwierig, den richtigen Ton für die schriftliche und mündliche Darstellung der eigenen Person zu finden.

Graue Maus oder Überflieger

Wir geben Ihnen deshalb im folgenden Tips und Hinweise dafür, wie Sie die Werbung in eigener Sache - Ihren Verkaufsprospekt - so gestalten können, daß Sie überzeugen, ohne dabei selbstgefällig, herablassend oder arrogant zu wirken.

Fehler im Verkaufsprospekt

Aus unseren Kontakten zu Personalverantwortlichen und Personalberatungen und aus unserer eigenen Beratungstätigkeit heraus wissen wir, daß bei der Selbstdarstellung von Bewerbern - im Anschreiben, am Telefon und im Vorstellungsgespräch - immer die gleichen Fehler auftauchen.

Immer die gleichen Fehler

Damit Sie sehen, welche Fehler Sie unbedingt vermeiden sollten, erst einmal zwei Negativbeispiele für mißlungene Verkaufsprospekte.

Negativbeispiele: *So nicht!*

Anmerkung: Die schwarzen Zahlen - ❶, ❷, ❸, usw. - weisen auf die Art des Fehlers hin. Die Erläuterungen dazu finden Sie im Anschluß an die beiden Negativbeispiele.

Beispiel 1 „Vertriebsassistent"

Anzeige

Zur Verstärkung unseres Teams suchen wir einen Vertriebsassistenten. Wir stellen Soft- und Hardwarelösungen für die Videobearbeitung her. Unsere Kunden sind Zeitungsverlage, Radiostationen, Online-Dienste, private und öffentlich-rechtliche TV-Sender, Werbeagenturen. Sie werden bei der Bedarfs- und Problemanalyse bei diesen Kunden und bei der Ausarbeitung von Lösungskonzepten und Offerten mitwirken, unsere Key-Account-Manager bei Vorträgen und Präsentationen unterstützen und eine Vielzahl von organisatorischen Aufgaben wahrnehmen. Ein weiterer Schwerpunkt wird die Aquisition von Neukunden in den o.g. Bereichen sein.
Sie sollten eine abgeschlossene kaufmännische Ausbildung mitbringen und anschließend mindestens zwei Jahre Berufserfahrungen im Medienumfeld gesammelt haben. Mit einer hohen Leistungs- und Lernbereitschaft sowie Teamfähigkeit würden Sie besonders gut zu uns passen.

Negativbeispiel Verkaufsprospekt 1

Sie suchen einen Vertriebsassistent. Die Möglichkeit, meine verkäuferischen Fähigkeiten bei Ihnen auszuprobieren, finde ich sehr reizvoll (❶, ❷).

Da mich mein derzeitiges Aufgabengebiet nicht ausfüllt, suche ich zum nächstmöglichen Zeitpunkt eine Tätigkeit mit größerer Verantwortung und vielfältigeren Aufgabenbereichen (❷).

Mein beiliegendes Zwischenzeugnis ist leider nicht besonders gut, aber das liegt daran, daß ich mit meinem Vorgesetzten nicht besonders gut auskomme (❸, ❼).

Ich verfüge über eine hohe Leistungs- und Lernbereitschaft und bin teamfähig, kreativ, flexibel und motiviert (❹). Ich glaube, daß ich der Richtige für Sie bin (❺).

Beispiel 2 „Servicetechnikerin"

Anzeige

Wir sind ein mittelständisches Maschinenbauunternehmen mit zukunfts-
orientierten und innovativen Technologien auf dem internationalen Markt.
Zur Verstärkung unseres Service-Teams suchen wir eine/n

SERVICETECHNIKER/IN

zur selbständigen Durchführung von Inbetriebnahme, Wartung und Instandsetzung CNC-gesteuerter Werkzeugfräsmaschinen im Großraum
Stuttgart für die Betreuung des gesamten Bundesgebietes. Sie verfügen
über Erfahrung im Bereich Maschinenbau, insbesondere in Mechanik,
Elektronik und Hydraulik.

Neben Ihrem Fachwissen überzeugen Sie durch Selbständigkeit und gutes Auftreten im Umgang mit Kunden. Für diese Tätigkeit sind einige Jahre Berufserfahrung erforderlich. Zu Ihren persönlichen Eigenschaften
zählen Kommunikationsfähigkeit, eine kostenbewußte, zielorientierte und
selbständige Arbeitsweise sowie Flexibilität und Belastbarkeit.

Negativbeispiel Verkaufsprospekt 2

Es würde mich interessieren, die von Ihnen angebotenen beruflichen Entwicklungschancen nutzen zu können. Ich habe mehrere Jahre lang berufliche Erfahrungen gesammelt (❷).

Bisher habe ich in Auftragsbearbeitung und der Endmontage
gearbeitet und habe an verschiedenen Projekten mitgearbeitet
(❶,❷).

Den von Ihnen verlangten Anforderungen gerecht zu werden,
wird sicherlich nicht leicht für mich, ich hoffe jedoch, es mit
gezielter Unterstützung durch Ihr Unternehmen zu schaffen
(❼). Aus persönlichen Gründen bin ich sehr an der von Ihnen
im Raum Stuttgart angebotene Stelle interessiert (❸).

Als Trainerin einer Herren-Volleyballmannschaft habe ich
Kommunikation und Durchsetzungsfähigkeit gelernt. Ich arbeite zielorientiert und flexibel (❹). Ich bin ein Mensch, der
nicht ungeduldig wird und nicht so schnell aufgibt (❺).

Die beiden Negativbeispiele enthalten Fehler, die Sie bei der Erstellung Ihres Verkaufsprospektes vermeiden können:

Fehler ❶ „Fachliche Anforderungen werden nicht erkannt und belegt"

Fehler ❷ „Profillosigkeit"

Fehler ❸ „Ehrlichkeit"

Fehler ❹ „Leerfloskeln für persönliche Fähigkeiten"

Fehler ❺ „Nicht- und Negativ-Formulierungen"

Fehler ❻ „Übertriebene positive Selbstbewertung"

Fehler ❼ „Selbstanklage"

Die falsche Begründung

Fehler ❶ *„Fachliche Anforderungen werden nicht erkannt und belegt"*: Bewerberinnen und Bewerber, die sich nicht mit den fachlichen Anforderungen, die von neuen Arbeitgebern verlangt werden, auseinandergesetzt haben, sammeln Minuspunkte.

Der Hinweis auf eine bisherige Tätigkeit als stellvertretender Kundendienstleiter - Beispiel 1 - ist als Begründung für die Aufnahme einer neuen Tätigkeit als Vertriebsassistent wenig überzeugend. Ebenfalls fürchten Personalverantwortliche nichts mehr als Berufstätige, die „es reizvoll finden etwas neues auszuprobieren". Auf die weiteren fachlichen Anforderungen aus der Stellenanzeigen geht der Bewerber aus unserem Negativbeispiel 1 nicht ein (zu den fachlichen Anforderungen siehe das Kapitel „Was Firmen von Bewerbern erwarten", Seite 11ff., und die Checkliste „Muß"- und „Kann"-Anforderungen in Stellenanzeigen, Seite 79). Die verlangte Beratungskompetenz und das geforderte verkäuferische Geschick belegt der Bewerber ebenfalls nicht.

Die Bewerberin aus dem Beispiel 2 erklärt, daß sie bisher in der Auftragsbearbeitung und der Endmontage gearbeitet hat. Dies ist ungeschickt, da für die ausgeschriebene Position als Servicetechnikerin Erfahrungen in der „Durchführung von Inbetriebnahme, Wartung und Instandsetzung von CNC-gesteuerten Werkzeugfräsmaschinen" verlangt werden.

Fehler ❷ „*Profillosigkeit*": Personalverantwortliche suchen Bewerber, die aus der Masse heraustreten. Gelangweilte Bewerber, die sich - wie in Beispiel 1 - weniger für die einzelnen Aufgaben innerhalb der zu vergebenden Position interessieren und stattdessen argumentieren, daß sie „vom derzeitigen Aufgabengebiet nicht ausgefüllt sind", lassen bei Personalverantwortlichen die Alarmglocken klingeln. Die erste Reaktion, die sich einstellt, lautet dann immer: „Warum hat sich der Bewerber nicht am derzeitigen Arbeitsplatz darum bemüht, zusätzliche Aufgaben und Projekte zu übernehmen?"

Der Mitläufer-Effekt

Im Negativbeispiel 2 ist der Hinweis „habe mehrere Jahre berufliche Erfahrungen sammeln können" zu allgemein. Die Profillosigkeit der Bewerberin setzt sich fort, indem sie auf ihre Mitarbeit an „verschiedenen Projekten" verweist und nicht näher erklärt, welcher Art ihre Projektmitarbeit war.

Beide Bewerber argumentieren zuwenig von den zu vergebenden Positionen und deren Anforderungen her. Es entsteht ein Bild von durchschnittlichen und abwartenden Bewerbern.

Fehler ❸ „*Ehrlichkeit*": Im Bewerbungsverfahren ist die Ehrlichkeit der Bewerber immer dann kontraproduktiv, wenn sie Dinge aussprechen, mit denen sie sich selbst in

Auch Ehrlichkeit kennt Grenzen

35

ein ungünstiges Licht setzen, ohne dazu verpflichtet zu sein.

Probleme mit dem Vorgesetzten - Beispiel 1 - lassen den Bewerber als Kandidaten erscheinen, der immer dann, wenn es Probleme am Arbeitsplatz gibt, auf „die anderen" als Schuldige verweist. Die Formulierung im Beispiel 2, „aus persönlichen Gründen bin ich an der Stelle im Raum Stuttgart interessiert", ist bei weiblichen Bewerbern grundsätzlich problematisch. Personalverantwortliche gehen dann davon aus, daß bestehende zwischenmenschliche Beziehungen für die Bewerberin einen größeren Wert haben, als die Bindung zum Arbeitgeber. Als Schlußfolgerung stellt sich automatisch ein: Wechselt der Partner der Bewerberin in eine andere Region, verlieren wir eine Mitarbeiterin.

Worthülsen vermeiden

Fehler ❹ *„Leerfloskeln für persönliche Fähigkeiten"*: Die bloße Aufzählung von Begriffen aus dem Bereich persönliche Fähigkeiten ist ein typischer Fehler von Bewerbern. Ohne Beispiele und Belege sind die verwendeten Begriffe „kreativ", „flexibel", „teamfähig" und „motiviert" nicht aussagekräftig.

Störfeuer durch Worte

Fehler ❺ *„Nicht- und Negativ-Formulierungen"*: Formulierungen wie „ich bin nicht schnell ungeduldig und nicht aufbrausend" - Beispiel 2 - verwirren den Zuhörer oder Leser und lassen bei ihm die Warnlampen angehen. Er muß für sich übersetzen, was Sie eigentlich sagen wollen, und mit etwas Pech hört oder sieht er nur die negativen Reizworte.

Ein Test im Freundeskreis

Hierzu ein Selbsttest: Gehen Sie zu einer guten Freundin oder einem guten Freund und sagen Sie im Gespräch: „Sei doch nicht immer gleich so empfindlich" oder „Ich hoffe, Du bist heute nicht so schlecht gelaunt wie gestern!" Sie können die Reaktionen auf derartige Worte voraussehen. Ihre Freundin bzw. Ihr Freund bekommt einen hochroten Kopf und erzählt Ihnen, daß sie/er erstklassig gelaunt sei und fragt Sie, was die Anschuldigung soll.

Für Ihr berufliches (und auch privates) Gesprächsverhalten sollten Sie lernen, auf Nicht- und Negativ-Formulierungen zu verzichten. Beschreiben Sie sich lieber positiv und damit eindeutig. Unsere Bewerberin aus dem Negativbeispiel 2 sollte daher auf die Formulierung „Ich bin ein Mensch, der nicht ungeduldig wird und nicht so schnell aufgibt" verzichten und stattdessen passender formulieren „Ich behalte bei der Lösung von anspruchsvollen technischen Aufgaben stets meine Gelassenheit und bin ausdauernd, wenn es darum geht, Ziele zu erreichen".

*Nicht „nicht"
verwenden*

Fehler ❻ *„Übertriebene positive Selbstbewertung"*: Vorsicht mit zu positiven Bewertungen. Wenn Sie Ihre fachlichen Kenntnisse und Ihre persönlichen Fähigkeiten zu sehr loben, zwingen Sie damit Ihre Zuhörer automatisch, die Gegenposition einzunehmen. Dann wollen sie Ihnen nur noch zeigen, daß Sie sich irren.

*Das sieht die Firma
anders*

Formulierungen wie „Ich glaube, daß ich der Richtige für Sie bin" - Beispiel 1 - oder „Ich bin der Beste für diese Stelle!", „Sie können aufhören zu suchen, nehmen Sie mich!" oder „Ich bin mir ganz sicher, daß ich für diese Positioin optimal geeignet bin!", dürfen deshalb in Ihrem Verkaufsprospekt auf keinen Fall auftauchen. Personalverantwortliche, die derartige Selbstbewertungen lesen oder hören, finden es überhaupt nicht witzig, daß man ihnen die Arbeit der Kandidatensuche abnehmen will. Sie fühlen sich durch jede übertriebene positive Selbstbewertung von Bewerbern herausgefordert, besonders gründlich nach den Einwänden zu suchen, die gegen den Bewerber sprechen.

Asche auf Ihr Haupt?

Fehler ❼ „*Selbstanklage*": Niemand wird für eine Tätigkeit eingestellt, weil er etwas nicht oder besonders schlecht kann. Vor Gericht wie im Bewerbungsverfahren gilt: Es besteht keine Selbstanklagepflicht. Wer auf schlechte Arbeitszeugnisse hinweist - Beispiel 1 - oder (leider) typisch weiblich darauf hinweist, daß sie nicht weiß, ob sie den Anforderungen der neuen Position gerecht wird - Beispiel 2 -, macht es sich unnötig schwer. Die Kunst der Selbstdarstellung im Verkaufsprospekt besteht nicht darin, aufzuzählen, wo man bei sich selber Schwächen sieht, sondern darin, zu zeigen, was man für die neue Stelle an Kenntnissen und Fähigkeiten mitbringt.

Mit den typischen Fehlern bei der Werbung in eigener Sache haben wir Sie vertraut gemacht, jetzt zeigen wir Ihnen, mit welchen Überzeugungstechniken Sie es besser machen.

Überzeugungsregeln für Ihren Verkaufsprospekt

So geht's!

Zur Erinnerung: „Begründen Sie bitte in drei Minuten, warum Sie in unserer Firma als XYZ arbeiten wollen!", lautete die Fragestellung, die Sie als Bewerber gegenüber Firmen überzeugend beantworten können müssen. Unsere zwei folgenden Positivbeispiele für die Beantwortung dieser Frage beziehen sich genauso wie die vorherigen Negativbeispiele auf die ausgeschriebenen Positionen Vertriebsassistent und Servicetechnikerin.

Positivbeispiele: *Gelungene Verkaufsprospekte*

Die schwarzen Zahlen - ❶, ❷, ❸, usw. - weisen auf die eingesetzte Überzeugungstechnik hin. Mehr dazu im Anschluß an die Positivbeispiele.

Beispiel 1 „Vertriebsassistent"

Sehr geehrte Damen und Herren,

ich bringe mehrjährige Berufserfahrung in den Bereichen Verkauf und Kundenservice mit (❶, ❻). Die kundengerechte Bedarfs- und Problemanalyse ist mir aus der Großkundenbetreuung bekannt (❶, ❻). Projekt- und Teamerfahrung sammelte ich bei der Umstrukturierung des Kundenservice (❹).

Vor drei Jahren stieg ich als Einzelhandelskaufmann in die Firma Media World GmbH ein. Nach ersten Tätigkeiten im Verkauf übernahm ich die Neustrukturierung unseres Kundendienstes (❸). Unser Projektteam gliederte Reparaturleistungen aus und installierte eine Service-Hotline (❺, ❻). Das Vorstellen dieses neuen Konzeptes gegenüber Geschäftsleitung und Mitarbeitern war ebenso meine Aufgabe, wie die Erstellung von Werbe- und Informationsmaterial in Zusammenarbeit mit einer Werbeagentur (❸, ❺).

Neben meiner Arbeit belegte ich Weiterbildungskurse im Bereich Projektmanagement (❷, ❹).

Während meiner Ausbildung bei der Firma Antennensysteme GmbH & Co. KG konnte ich durch meine Mitarbeit bei Großkundenaufträgen auch die besonderen Gegebenheiten von Radio- und Fernsehsendern kennenlernen. Auch an Wochenenden arbeitete ich im 24-Stunden-Kundensupport (❷, ❹, ❻).

Neben meinen Erfahrungen in der Kundenbetreuung bringe ich gute Kenntnisse in Bürosoftware (MS-Office) und auch die notwendige Abschlußsicherheit für Verkaufsgespräche mit (❶, ❸).

Beispiel 2 „Servicetechnikerin"

Sehr geehrte Damen und Herren,

ich verfüge über Berufserfahrung in der Inbetriebnahme und der Wartung und Instandsetzung (❶). Im Werkzeugmaschinenbau habe ich bereits bundesweit Serviceaufträge ausgeführt (❶).

Momentan bin ich für die Firma Fräsmaschinen KG tätig. Dort betreue ich Aufträge von der Abstimmung mit dem Kunden, über die Konstruktion bis hin zur Inbetriebnahme (❸, ❺).

Vor meiner Fortbildung zur Technikerin habe ich als Energieanlagenelektronikerin im Sondermaschinenbau gearbeitet (❷). Für die Firma Müller & Sohn Maschinenbau GmbH übernahm ich die Installation und Inbetriebnahme von Sondermaschinen (❺, ❻).

Bei meinem jetzigen Arbeitgeber stieg ich im Kundenservice ein, wo ich Umbauten und Erweiterungen von Werkzeugmaschinen plante, ausführte und die Kunden vor Ort beriet (❹, ❻). Danach übernahm ich meine jetzige Position als bundesweit eingesetzte Servicetechnikerin (❹).

Gute E-CAD, SPS- und CNC-Kenntnisse sind für mich ebenso selbstverständlich, wie fundierte Kenntnisse in den Bereichen Mechanik, Elektronik und Hydraulik (❻). Ich spreche gut Englisch und würde mich freuen, wenn ich meine beruflichen Erfahrungen für Sie einsetzen könnte.

Unsere Positivbeispiele haben sicherlich auch bei Ihnen eine ganz andere Wirkung hinterlassen, als die vorangegangenen Negativbeispiele. Damit auch Sie sich einen überzeugenden Verkaufsprospekt für die Bewerbung auf Ihren neuen Arbeitsplatz erarbeiten können, stellen wir Ihnen jetzt die Überzeugungsregeln vor, mit denen Sie Ihr Ziel erreichen:

Überzeugungsregeln

Regel ❶ „Fachliche Anforderungen erkennen"
Regel ❷ „Aktivität zeigen"
Regel ❸ „Individuelles Profil darstellen"
Regel ❹ „Beispiele für persönliche Fähigkeiten
     geben"
Regel ❺ „Beschreiben, ohne zu bewerten"
Regel ❻ „Der Joker: Schlüsselbegriffe aus dem
     Tagesgeschäft benutzen"

Regel ❶ *„Fachliche Anforderungen erkennen"*: Die beiden Bewerber aus den Positivbeispielen machen klar, daß sie sich mit den fachlichen Anforderungen, die an sie gestellt werden, auseinandergesetzt haben (siehe Kapitel „Was Firmen von Bewerbern erwarten", Seite 11ff.).

Was ist gefragt?

Der Bewerber für die Position als Vertriebsassistent aus dem Positivbeispiel 1 verweist auf seine Kenntnisse im Bereich Verkauf und Kundenservice und ergänzt diese Angaben dadurch, daß er auch auf seine Erfahrung in der Betreuung von Großkunden verweist. Abgerundet wird der gute Eindruck von diesem Bewerber durch seine Kenntnisse im Umgang mit der verlangten Bürosoftware.

Angaben präzisieren

Die Bewerberin aus dem Positivbeispiel 2 zeigt, daß sie weiß, was für die erfolgreiche Ausübung der Tätigkeit als Servicetechnikerin beim neuen Arbeitgeber gefragt ist. Die schlagwortartige Beschreibung ihrer Kenntnisse - Inbetriebnahme, Wartung und Instandsetzung von Sondermaschinen - sind erste Pluspunkte, die diese Bewerberin als überdurchschnittlich interessant erscheinen lassen.

Lieber aktiv als passiv

Regel ❷ „*Aktivität zeigen*“: Bewerber stellen sich aktiv dar, wenn sie zeigen, was sie über das übliche Maß hinaus gemacht haben, um sich für neue Aufgaben zu qualifizieren.

Der Bewerber aus dem Beispiel 1 verweist auf seine Weiterbildungskurse im Projektmanagement. Aktivität in Form von besonderer Leistungsbereitschaft, läßt dieser Bewerber zusätzlich dadurch erkennen, daß er auf seine Wochenendarbeit im 24-Stunden-Kundensupport hinweist. Die Bewerberin aus dem Beispiel 2 nennt ihre Fortbildung zur Technikerin. Sie macht damit deutlich, daß sie in ihrer beruflichen Entwicklung nicht stagniert und weiter vorankommen will.

Flagge zeigen!

Regel ❸ „*Individuelles Profil darstellen*“: Von Profillosigkeit sprechen die Personalverantwortlichen immer dann, wenn es dem Bewerbern nicht gelingt, aus der Masse der Bewerber positiv herauszustechen. Aus unserer Erfahrung im Training und in der Beratung von Bewerbern wissen wir, daß dies meist ein Problem der Darstellung der eigenen Kenntnisse und Fähigkeiten ist. Fast jede Bewerberin und jeder Bewerber hat etwas besonderes zu bieten, das sie bzw. ihn von den anderen unterscheidet.

So stellt der Bewerber aus dem Positivbeispiel 1 heraus, daß er den Kundendienst bei seinem derzeitigen Arbeitgeber neustrukturiert hat und daß er über Abschlußsicherheit in Kundengesprächen verfügt. Die Bewerberin aus dem Beispiel 2 beschreibt, daß sie Aufträge von der Abstimmung mit dem Kunden, über die Konstruktion bis hin zur Inbetriebnahme betreut hat. So wird klar, daß Technik für diese Bewerberin nicht Selbstzweck, sondern Mittel zur Erfüllung von Kundenwünschen ist.

Regel ❹ *„Beispiele für persönliche Fähigkeiten geben"*: Unser Bewerber für die Position als Vertriebsassistent zeigt, daß er über die persönlichen Fähigkeiten „Leistungs- und Lernbereitschaft" verfügt, indem er erklärt, daß er Weiterbildungskurse im Projektmanagement belegt hat und an Wochenenden für den 24-Stunden-Kundensupport zuständig war. Seine „Projekt- und Teamfähigkeit" wird erkennbar durch die betriebsinterne Umstrukturierung des Kundenservice.

Ich hab's verstanden

Unsere Bewerberin als Servicetechnikerin gibt Beispiele für ihre persönlichen Fähigkeiten „Kundenorientierung", „selbständiges Arbeiten" und „Belastungsfähigkeit". Ihre Kundenorientierung und ihre selbständige Arbeitsweise wird erkennbar durch ihre „Beratung vor Ort" und die Planung und Ausführung von Umbau- bzw. Erweiterungsmaßnahmen bei Werkzeugmaschinen. Ihre Belastungsfähigkeit wird an ihren bundesweiten Serviceeinsätzen sichtbar.

Beide Bewerber vermeiden durch die Verwendung konkreter Beispiele den Fehler, Leerfloskeln aufzuzählen, unter denen sich der Zuhörer bzw. der Leser alles und nichts vorstellen kann.

Ohne Leerfloskeln

Regel ❺ *„Beschreiben, ohne zu bewerten"*: Wir werden Ihnen jetzt erklären, wie Sie die Fehler „Ehrlichkeit" und „Selbstanklage" bei der Darstellung Ihrer Kenntnisse und Fähigkeiten durch die Verwendung der Überzeugungsregel „Beschreiben, ohne zu bewerten" vermeiden.

Diese Überzeugungsregel hat außergewöhnlich große Wirkung, wenn sie richtig eingesetzt wird.

Was wirklich geschah

Mit ehrlichen Aussagen wie „mein Vorgesetzter hat bei wichtigen Entscheidungen nie hinter mir gestanden", „in meiner Abteilung wurde die meiste Zeit an der Kaffeemaschine verbracht" oder „in unserer Firma gehörte Mobbing zum Arbeitsalltag", kommen Sie bei der Erarbeitung Ihres Verkaufsprospektes und damit auf dem Weg zum neuen Arbeitsplatz nicht weiter (siehe Kapitel „Berufswechsel begründen", Seite 23 ff.).

Beschreiben statt bewerten

Der Trick, der Sie vorwärts bringt, lautet „beschreiben, ohne zu bewerten". Neutrale Beschreibungen haben wir in den Positivbeispielen benutzt. Im Beispiel 1 heißt es: „Unser Projektteam gliederte Reparaturleistungen aus und installierte eine Service-Hotline" und „Das Vorstellen dieses neuen Konzeptes gegenüber Geschäftsleitung und Mitarbeitern war meine Aufgabe". Die Bewerberin aus dem Beispiel 2 formuliert ebenfalls ohne Bewertungen: „Ich betreue Aufträge von der Abstimmung mit dem Kunden, über die Konstruktion bis hin zur Inbetriebnahme" und „...übernahm ich die Installation und Inbetriebnahme von Sondermaschinen".

Neutral formulieren

Mit solchen sachlichen Formulierungen heben Sie sich von Dauerkritikern und Miesmachern wohltuend ab, denn jede geäußerte Kritik würde immer erst auf Sie zurückfallen und nicht auf die Firma, bei der Sie beschäftigt sind. Üben Sie deshalb, Ihre Erlebnisse und Erfahrungen aus Ihrem Berufsalltag wertfrei zu beschreiben. Hierfür können Sie Formulierungen verwenden wie „ich habe ... gemacht/organisiert", „ich habe die Aufgaben eines ... wahrgenommen", „ich habe an ... teilgenommen" oder „ich habe am Projekt ... mitgearbeitet".

Regel ❻ *„Der Joker: Schlüsselbegriffe aus dem Tages-*
geschäft benutzen": Personalabteilungen bevorzugen
Bewerber, die bereits an ihrem bisherigen Arbeitsplatz
genau das gemacht haben, was für die zu vergebende
Stelle verlangt wird. Bewerber erfüllen diese an sie ge-
stellte Erwartung, indem sie „Schlüsselbegriffe aus dem
Tagesgeschäft" benutzen. Es geht darum, die Schlagworte zu finden, die Ihre beruflichen Aufgaben kenn-
zeichnen. Der Bewerber aus dem Positivbeispiel 1 verwendet beispielsweise die Schlagworte „Verkauf",
„Kundenservice", „Bedarfs- und Problemanalyse",
„Projektteam" und „Kundensupport". Die Bewerberin
aus dem Positivbeispiel 2 greift auf die Worte
„Installation", „Inbetriebnahme", „Kundenservice" und
„E-CAD, SPS- und CNC-Kenntnisse" zurück.

Wir alle reagieren auf bestimmte Schlüsselbegriffe und *Praxiserfahrung und*
Schlagworte. Um nicht an Informationen zu ersticken, *Berufsnähe*
brauchen wir Strukturen, die helfen, Informationen ein-
zuordnen. So geht es auch Personalverantwortlichen bei
der Suche nach der richtigen Bewerberin bzw. dem richtigen Bewerber. Falsche Stellenbesetzungen sind teuer
und werden später den Personalabteilungen von den
Fachabteilungen angelastet. Um Problemen vorzubeu-
gen, achten die Personalabteilungen immer sorgfältiger
darauf, daß sie Bewerber einstellen, die verdeutlichen,
daß sie die Anforderungen des neuen Arbeitsplatzes
erfüllen, weil die neue Tätigkeit „nur" eine Fortsetzung
der alten ist. Deshalb sind Schlüsselbegriffe aus dem
Tagesgeschäft bei der Ausgestaltung des Verkaufsprospektes der Joker, mit dem sich Bewerber Vorteile gegenüber Bewerbern ohne entsprechende Selbstdarstellung sichern können.

Sie finden die für Ihr Berufsfeld wichtigen Schlüsselbegriffe und Schlagworte in den aktuellen Stellenanzeigen und in Fachzeitschriften. Finden Sie die geeigneten Schlagworte heraus und trainieren Sie, diese in Formulierungen in Anschreiben und Lebenslauf, im telefonischen Erstkontakt und im Vorstellungsgespräch unterzubringen.

Verkaufen in Schriftform

Unsere Negativ- und Positivbeispiele haben Ihnen einen Eindruck davon gegeben, welche Fehler Bewerber machen und wie man es besser machen kann. Jetzt sind Sie an der Reihe. Setzen Sie unsere Überzeugungsregeln ein, um sich Ihren Verkaufsprospekt zu erarbeiten. Fünf weitere Positivbeispiele für Verkaufsprospekte finden Sie im Kapitel „Musteranschreiben und Musterlebensläufe", Seite 113ff.. Die von uns ausgearbeiteten fünf Musteranschreiben sind Verkaufsprospekte von Bewerbern in schriftlicher Form.

Verkaufen im Gespräch

Damit Sie mit Ihrem Verkaufsprospekt am Telefon und bei Vorstellungsgesprächen überzeugen, sollten Sie ihn solange üben und wiederholen, bis er Ihnen in Fleisch und Blut übergegangen ist. Mögliche Fragen, bei denen Sie Ihren Verkaufsprospekt im Gespräch einsetzen können, haben wir in der folgenden Checkliste Verkaufsprospekt für Sie zusammengestellt. Am besten lassen Sie sich die Fragen von einem Freund, Bekannten oder Ihrem Partner stellen, dann gewöhnen Sie sich rechtzeitig an die Stimmung in Vorstellungsgesprächen. In unseren Kapiteln „Vorstellungsgespräche", Seite 129ff., und „Beispielfragen und Beispielantworten", Seite 160ff., finden Sie weitere Fragen, mit denen Sie sich als Bewerber vor Vorstellungsgesprächen auseinandersetzen sollten.

Checkliste *Verkaufsprospekt*

- Ihr Verkaufsprospekt ist die Antwort auf die Frage: „Warum sollten wir gerade Sie einstellen?" Mit einem gut ausgearbeiteten Verkaufsprospekt haben Sie die Grundlage für..
  - Ihre Anschreiben.
  - Ihre telefonischen Erstkontakte als Reaktion auf Stellenanzeigen oder zur Vorbereitung von Initiativbewerbungen.
  - Vorstellungsgespräche.

- Gelungene Verkaufsprospekte von Bewerbern orientieren sich an den folgenden Überzeugungsregeln:
  Regel 1: „Fachliche Anforderungen erkennen"
  Regel 2: „Aktivität zeigen"
  Regel 3: „Individuelles Profil darstellen"
  Regel 4: „Beispiele für persönliche Fähigkeiten geben"
  Regel 5: „Beschreiben, ohne zu bewerten"
  Regel 6: „Der Joker: Schlüsselbegriffe aus dem Tagesgeschäft benutzen"

- Die Fragen von Personalverantwortlichen, bei denen Sie als Antwort Ihren Verkaufsprospekt einsetzen können, lauten beispielsweise:
  „Warum interessieren Sie sich für eine Tätigkeit bei uns?"
  „Warum meinen Sie, daß wir gerade Sie als XYZ einstellen sollten?"
  „Was macht Sie für die Position geeignet?"
  „Erzählen Sie uns doch bitte ein wenig über sich!"
  „Ich bin mir nicht sicher, ob Sie der geeignete Kandidat für unsere Firma sind, überzeugen Sie mich!"
  „Warum sollten wir gerade Ihnen diesen Arbeitsplatz geben?"
  „Was unterscheidet Sie von den anderen Bewerbern, die sich für diese Position interessieren?"

5. Einen neuen Arbeitgeber finden

„Es geht bei der Akquisition eines neuen Arbeitsplatzes nicht darum, in eine Familie aufgenommen zu werden, sondern in erster Linie um die Anbahnung einer geschäftlichen Vereinbarung: Leistung gegen Vergütung."

Monika M. Rösler, Mitglied der Geschäftsleitung, Black & Decker Deutschland

Sie haben sich mit den Anforderungen an Ihre fachlichen Kenntnisse und an Ihre persönlichen Fähigkeiten im Kapitel „Was Firmen von Bewerbern erwarten", Seite 11ff., auseinandergesetzt. Anschließend haben Sie in den Kapiteln „Berufswechsel begründen", Seite 23ff., und „Überzeugen in drei Minuten: Ihr Verkaufsprospekt", Seite 57ff., gelernt, wie Sie die Informationen über Ihren bisherigen beruflichen Werdegang so aufbereiten, daß Firmen in Ihnen einen interessanten Bewerber sehen.

Traditionell und kreativ

Jetzt geht es darum, einen Arbeitgeber zu finden, dem Sie sich und Ihre Fähigkeiten präsentieren können. Hierbei können Sie traditionelle Wege gehen, aber auch kreativ werden.

Klassische Suche

Um Firmen zu finden, die neue Mitarbeiter suchen, können Sie:

- Den Stellenteil in den Wochenendausgaben der Tageszeitungen und/oder branchentypische Fachmagazine mit Stellenmarkt lesen.

- Zum Stellen-Informations-Service/SIS des Arbeitsamtes gehen.
- Gezielt im Internet suchen.
- Firmenverzeichnisse bei den Industrie- und Handelskammern und den Handwerkskammern einsehen.
- Nachschlagewerke nutzen.

Der Stellenteil in Zeitungen und Fachmagazinen
Die Bewerbung aufgrund einer Stellenanzeige in den Wochenausgaben der Tageszeitungen ist nach wie vor einer der erfolgversprechendsten Wege, einen neuen Arbeitsplatz zu finden. Stellenanzeigen ermöglichen Ihnen schnell zu erkennen, ob Ihre fachlichen Kenntnisse und persönlichen Fähigkeiten von einem neuen Arbeitgeber nachgefragt werden (siehe Checkliste „Muß"- und „Kann"-Anforderungen in Stellenanzeigen, Seite 79).

FAZ & Co.

Fachmagazine, die monatlich oder quartalsweise erscheinen, gibt es mittlerweile für sehr viele Branchen. Üblicherweise enthalten diese Magazine einen eigenen Stellenteil. Für die Firmen hat dies den Vorteil, daß die Bewerberansprache gezielt erfolgt, insbesondere dann, wenn Bewerber mit sehr speziellen Branchenkenntnissen gefragt sind.

Stellen-Informations-Service/SIS des Arbeitsamtes
Stellensuche per Computer? 1997 nutzten bereits acht Millionen Menschen den Stellen-Informations-Service des Arbeitsamtes. Alle 184 Arbeitsämter bieten Stellensuchenden diesen neuen Service an. Nach Angaben der Bundesanstalt für Arbeit wurden dadurch zusätzlich 580.000 Stellen besetzt.

Suche-Interessante-Stelle

49

Der direkte Kontakt Die Einführung des Stellen-Informations-Service des Arbeitsamtes hat dazu geführt, daß viele klein- und mittelständische Unternehmen deutlich weniger Stellenanzeigen schalten. Die Bewerbersuche findet aus Kostengründen über das Arbeitsamt statt. Der Stellen-Informations-Service hat für die Firmen den Vorteil, daß sich die Bewerber die ausgeschriebenen Positionen direkt am Terminal ansehen können. Im Gegensatz zu früher verringert kein dazwischen geschalteter Berater des Arbeitsamtes die Eigeninitiative des Bewerbers, und der direkte Kontakt zwischen Bewerber und Firma erfolgt schneller. Wir haben das SIS bereits für erfolgreiche Bewerbungen unserer Kunden genutzt.

Stellen-Antiquitäten Allerdings sind die Angebote im SIS mehr auf das mittlere und untere Qualifikations- und Gehaltssegment zugeschnitten. Aus Platzgründen sind die Stellenbeschreibungen zum Teil sehr oberflächlich. Wenn Sie nicht sicher sind, ob Sie für die ausgeschriebene Position geeignet sind, rufen Sie zunächst bei der Firma an. Achten Sie auch auf das Eingabedatum der Stellenangebote. Die Ausschreibungen sind im Extremfall bis zu 18 Monate alt. Vorsicht vor der Vergeudung Ihrer finanziellen und mentalen Bewerbungsressourcen.

Tip: Senden Sie Ihre Bewerbungsunterlagen auf ausgeschriebene Positionen im Stellen-Informations-Service/SIS des Arbeitsamtes nur dann ab, wenn die Position vor weniger als vier Wochen eingegeben wurde. Das Eingabedatum ist am Bildschirm bei jeder Position angegeben. Ist die Position älter als vier Wochen, rufen Sie zunächst bei der Firma an und erkundigen sich, ob sie noch zu vergeben ist. Beachten Sie beim Anruf die im Kapitel „Telefon und Bewerbung", Seite 57ff., gegebenen Hinweise zur überzeugenden Selbstdarstellung am Telefon.

Stellensuche im Internet

Eine immer wichtigere Rolle bei der Stellensuche spielt das Internet. Viele Firmen machen ihren Bedarf an neuen Mitarbeitern meist parallel zu Stellenanzeigen, zum Teil aber auch ausschließlich im Internet bekannt. Gerade große Unternehmen verbinden dabei die Möglichkeit, Personalmarketing und Öffentlichkeitsarbeit zu verknüpfen. Auch den eben dargestellten Stellen-Informations-Service/SIS des Arbeitsamtes können Sie über *http://www.arbeitsamt.de* über das Internet nutzen.

Stellensurfen

Die Stellenanzeigen der Wochenendausgaben der Tageszeitungen finden Sie ebenfalls im Internet. Allerdings sind die Anzeigen dort länger geschaltet als in den Printmedien, Sie können also ein größeres Angebot nutzen. Auf Stellenanzeigen im Internet, die bis zu vier Wochen alt sind, können Sie sich ohne weiteres bewerben, da das Besetzungsverfahren bei der Suche nach qualifizierten Fach- und Führungskräften in der Regel drei bis sechs Monate dauert. Sind die Internet-Stellenanzeigen älter, empfiehlt sich zunächst ein Anruf, ob es sich noch lohnt, die Bewerbungsunterlagen abzusenden.

Firmenverzeichnisse der Industrie- und Handelskammern und der Handwerkskammern

In den Industrie- und Handelskammern und Handwerkskammern können Sie Firmenverzeichnisse einsehen und die für Sie interessanten Firmenanschriften herausschreiben oder kopieren. Die Verzeichnisse enthalten allerdings keine Informationen darüber, ob die Firmen aktuellen Einstellungsbedarf haben. Es handelt sich um allgemeine Verzeichnisse, die nach Branchen geordnet sind.

Firmenverzeichnisse

*Wirtschafts-
organisationen*

In vielen Kammern bekommen Sie auch Adreßverzeichnisse über andere Wirtschaftsorganisationen. In diesen Verzeichnissen sind die Verbände für die einzelnen Wirtschaftszweige aufgeführt. Es gibt beispielsweise spezielle Verbände innerhalb des Einzelhandels, des Groß- und Außenhandels, des Kreditgewerbes und der Industrie. Nachdem Sie diese Verbandsadressen herausgefunden haben, geht die Informationssuche von vorne los. Sie wenden sich an die für Sie interessanten Verbände und fragen, ob es dort Verzeichnisse der angeschlossenen Firmen gibt und wann Sie sie einsehen können.

Nachschlagewerke

Nachschlag gefällig?

Wenn Sie den nächsten Karriereschritt mittelfristig planen, können Sie bei der Suche nach einem neuen Arbeitgeber so vorgehen, daß Sie in Nachschlagewerken recherchieren, wer für Sie als Wunscharbeitgeber in Frage kommt.

Sie finden in Nachschlagewerken meistens Firmeninformationen über große Unternehmen. Diese Unternehmen haben regelmäßig Bedarf an gut ausgebildeten, qualifizierten Fach- und Führungskräften. Besonders gefragt sind die Bewerber, die über eine Berufspraxis von drei bis fünf Jahren verfügen und beabsichtigen, in nächster Zukunft den Arbeitgeber zu wechseln.

Nachschlagewerke enthalten Informationen über sehr viele Arbeitgeber, deshalb sollten Sie selektiv vorgehen. Bereiten Sie Ihren Verkaufsprospekt vor und nutzen Sie die Möglichkeit, vorab telefonisch mit den Personalabteilungen der für Sie in Frage kommenden Firmen zu klären, ob es einen Bedarf an einem neuen Mitarbeiter mit Ihrem Qualifikationsprofil gibt (siehe die Kapitel

„Überzeugen in drei Minuten: Ihr Verkaufsprospekt", Seite 30ff., und „Telefon und Bewerbung", Seite 57ff.). Sie können auf folgende Nachschlagewerke zurückgreifen:

- Nachschlagewerke
  - Staufenbiel
    - Berufsplanung für den Management-Nachwuchs
    - Berufsplanung für Ingenieure
  - Wer gehört zu wem - Beteiligungsverhältnisse in Deutschland, Commerzbank AG
  - Hoppenstedt
    - Handbuch der Mittelständischen Unternehmen
    - Verbände, Behörden,Organisationen der Wirtschaft
    - Handbuch der Großunternehmen
    - Handbuch der Deutschen Aktiengesellschaften
    - Das deutsche Firmenalphabet
    - Wer baut Maschinen und Anlagen
  - Deutscher Adressbuchverlag für Wirtschaft und Verkehr
    - Liefern & leisten
  - Einkaufs-1x1 der Deutschen Industrie
  - Wer liefert was?, Wer liefert was?-GmbH
  - ABC der Deutschen Wirtschaft, ABC der Deutschen Wirtschaft Verlagsgesellschaft
  - Seibt Industriekatalog, Seibt-Verlag
  - Kompass, Kompass Deutschland Verlags- und Vertriebsgesellschaft
  - Taschenbuch des öffentlichen Lebens Deutschland (Oeckl), Festland Verlag
  - Andreas Kösters, Gordon Lueckel, Campus Verlag
    - Die 100 besten Arbeitgeber
    - Adreßbuch Studium und Beruf: Die 1.600 wichtigsten Ansprechpartner
    - Address for Success: Das Kontakte-ABC für Ein- und Aufstieg
  - Gabler Berufs- und Karriereplaner Wirtschaft: Gabler Verlag

Kreative Suche

Masse oder Klasse?
Die eben beschriebenen traditionellen Suchwege nach einem neuen Arbeitgeber haben den Vorteil, daß Sie die Adressen von sehr viel Firmen bekommen. Das ist gleichzeitig auch der Nachteil an dieser Methode, vielleicht möchten Sie zielgerichteter vorgehen. Wenn ja, können Sie unsere Tips und Hinweise zur kreativen Suche nach einem neuen Arbeitsplatz nutzen.

Es gibt die Möglichkeit, Ansprechpartner in Firmen zu finden, die Sie in Ihre Bewerbungsstrategie einbinden können. Wir haben dazu eine spezielle Methode entwikkelt und bei vielen Kunden mit Erfolg eingesetzt.

$$-Zeichen in den Augen?
Es ist die „Vermeiden-Sie-das-Dollarzeichen-in-den-Augen-Methode". Viele Firmenvertreter schalten auf stur, wenn Sie auch nur die leiseste Andeutung machen, daß Sie einen Arbeitsplatz suchen. Man sieht die Dollarzeichen in Ihren Augen und vermutet, daß Sie nicht wirkliches Interesse an der Firma haben, sondern nur schnell irgendeinen Arbeitgeber finden wollen, der Ihnen monatlich üppige Geldbeträge überweist.

Wichtigstes Merkmal unserer Methode ist daher: Sprechen Sie das Wort „Bewerbung" nicht aus. Genauso wie in den Radiospielen, bei denen Sie weder „ja" noch „nein" und auch nicht „schwarz" oder „weiß" sagen dürfen. Wer gegen die Grundregeln verstößt, hat verloren.

Netzwerke aufbauen
Ob Fachmessen, Vorträge des Rationalisierungskuratoriums der Deutschen Wirtschaft/RKW, ob Deutscher Ingenieurtag oder ob externe Weiterbildungsveranstaltung: Die „Vermeiden-Sie-das-Dollarzeichen-in-den-Au-

gen-Methode" läßt sich immer dann anwenden, wenn Sie auf Menschen treffen, die wie Sie wirkliches Interesse an ihrer beruflichen Tätigkeit haben. Bauen Sie sich Ihr eigenes Netzwerk auf. Der Nutzen für Sie ist doppelt: Zum einen sind Sie immer über laufende Entwicklungen Ihrer Branche im Bild, und zum anderen können Sie Karrierekontakte aufbauen und pflegen. Ihren Stellenwechsel bereiten Sie so streßfrei vor.

Um es besser als die Masse der Bewerber zu machen, gehen Sie so vor: Es ist bekannt, daß in mittleren und großen Unternehmen die Personalabteilungen oft zuletzt erfahren, in welchen Fachabteilungen künftig Einstellungsbedarf ist, da das Vertrauen in die Arbeit der Personalexperten gelegentlich erschüttert ist. Daher halten Fachvorgesetzte oft selbst die Augen und Ohren nach geeigneten Bewerbern auf. Sie sammeln bei Mitarbeitern aus den Fachabteilungen Punkte, indem Sie im Gespräch verdeutlichen, daß Sie Produkte und Dienstleistungen der Firma kennen und sich so den „Stallgeruch" der Branche geben. Bemerkungen zu aktuellen Trends und den Zukunftsaussichten der Branche und Einschätzungen der Mitbewerber am Markt runden das Gespräch mit den Fachvertretern ab. Sollte sich ein derartiges „Fachgespräch" positiv entwickeln, können Sie am Ende ruhig zu erkennen geben, daß Sie mittelfristig an einer Position interessiert sind. Aber bitte nicht zu früh nach dem Einstieg fragen, sonst ist die kleine Flamme „Interesse an Ihrer Person" gleich erloschen.

Vertrauen fehlt

Zeigt Ihr Gesprächspartner prinzipielles Interesse und verweist auf kommende Neubesetzungen, beispielsweise wegen Expansion oder Umstrukturierung, können Sie weitermachen. Schicken Sie nach einer angemessenen Frist, die Sie nicht als impulsiven Vielbewerber, der aus

Kein Schuß aus der Hüfte

55

der Hüfte schießt, erscheinen läßt, Ihre Bewerbungsunterlagen an Ihren Ansprechpartner aus der Fachabteilung. Dieser wird sich dann an Sie erinnern und die Bewerbungsunterlagen mit einem positiven Hinweis an die Personalabteilung weiterreichen.

Tip: Als Erfolgsregel für diese Bewerbungsart gilt: Je höher der Ansprechpartner aus der Fachabteilung in der Firmenhierarchie steht, desto größer sind Ihre Chancen auf ein Vorstellungsgespräch. Üben Sie, die Stellung Ihrer Gesprächspartner in der Firmenhierarchie möglichst schnell zu erfahren.

Bewerbungen im Dutzend

Bei der Direktansprache von Mitarbeitern aus den Fachabteilungen dürfen Sie nicht zu den Bewerbern gehören, die auf der Suche nach „irgendeinem" Arbeitgeber sind. Man erkennt diese Bewerber daran, daß sie auf Messen mit einem kompletten Satz von Bewerbungsunterlagen unter dem Arm aufgeregt von Stand zu Stand laufen und in penetranten Gesprächen die Firmenvertreter drängen, die Unterlagen mitzunehmen und zu prüfen. Allerdings werden jeder Firma die gleichen Formulierungen angeboten. Die Individualität der schriftlichen Bewerbung, die sich daran zeigt, daß der Bewerber sich mit den Anforderungen einer speziellen Firma auseinandergesetzt hat, bleibt hier auf der Strecke.

Wer durch seine fachlichen Kenntnisse und persönlichen Fähigkeiten außerhalb seines betrieblichen Umfeldes überzeugt, verschafft sich viele neue Chancen für den nächsten Schritt nach oben. Oder anders formuliert: Treue ist oft ein Mangel an Gelegenheiten. Sorgen Sie daher selbst für die berufliche Abwechslung, die Sie sich wünschen und die Sie fordert und fördert.

56

6. Telefon und Bewerbung

„Wenn Sie zum Hörer greifen, machen Sie sich vorher klar, daß das „Wie" Ihres Anrufes entscheidend ist. Wichtig ist deshalb eine gute Vorbereitung."

Bärbel Bendig, Abteilung Personal, Berliner Volksbank eG, Berlin

Bei der Suche nach einem neuen Arbeitsplatz kommen Sie mit dem gut vorbereiteten Anruf schneller zum Ziel.

Bewerbungen auf Stellenanzeigen hin haben wesentlich mehr Erfolg, wenn die Bewerber durch den telefonischen Erstkontakt persönlich in Erscheinung treten. Darüber hinaus lassen sich im Gespräch erfragte Zusatzinformationen in die Bewerbungsunterlagen einfügen.

Initiative zeigen

Vorteil für Sie: Schon nach drei Minuten Gespräch mit potentiellen Arbeitgebern können Sie einschätzen, ob sich das Anforderungsprofil der Firma und Ihre berufliche Kompetenz zur Deckung bringen lassen. Sie erfahren aktuelle Anforderungen und Schlüsselbegriffe, auf die die Firma „anspringt". Wenn Sie diese Informationen in Ihre schriftlichen Bewerbungsunterlagen einfließen lassen, heben Sie sich wohltuend von der Masse der „erst-einmal-abschicken" Bewerber ab.

Schnelle Antworten

Nachteil für Sie: Es gibt niemals eine zweite Chance für den ersten Eindruck. Das bedeutet, daß Sie den besonderen Anforderungen der Selbstdarstellung am Telefon gerecht werden müssen. Ein unbedarftes „'mal gucken was passiert, wenn ich bei einer Firma anrufe", befördert Sie schnell ins Aus.

Eine weitere Falle lauert, wenn Sie bei einem unseriösen Unternehmen oder Personalberater landen. Diese schalten Stellenanzeigen, um zu erfahren, wie die Position des eigenen Unternehmens im Verhältnis zu den Mitbewerbern am Markt ist. Hier werden Sie nur ausgehorcht

Telefonieren als Verhörmethode?

57

und über Ihren derzeitigen Arbeitgeber ausgefragt. Im anschließenden Vorstellungsgespräch wird dieses Gesprächsziel dann weiter verfolgt. Im ungünstigsten Fall haben Sie bereits an Ihrem alten Arbeitsplatz durchblikken lassen, daß Sie sowieso bald nicht mehr im Haus sind. Dann sitzen Sie plötzlich zwischen allen Stühlen. Überlegen Sie sich daher vorher, wo Sie, gerade im Gespräch mit Personalberatungen, beim telefonischen Erstkontakt Informationsgrenzen setzen.

Sie rufen an

Maximal 15% rufen vorher an

„Für Vorabinformationen steht Ihnen unser Herr Müller unter der Telefonnummer (040) 123 45 67 gerne zur Verfügung." Anmerkungen wie diese, finden sich oft in Stellenanzeigen. Von Personalverantwortlichen und Personalberatern wird immer wieder beklagt, daß lediglich 5 bis 15% der Bewerber anrufen. Von diesem kleinen Prozentsatz ist dann der größte Teil nicht vorbereitet.

Gut vorbereitet

Machen Sie es besser: Wenn Sie anrufen, muß Ihr Verkaufsprospekt (s. Kapitel „Überzeugen in drei Minuten: Ihr Verkaufsprospekt", Seite 30ff.) eingeübt sein. Aus zunächst harmlosen Fragen werden sehr schnell harte Fragen zum beruflichen Werdegang, zur Motivation der Bewerbung, zu bestimmten Kenntnissen und zur Person. Mit den klassischen Fragen des Vorstellungsgespräches müssen Sie sich ebenfalls vorher auseinandergesetzt haben (s. Kapitel „Vorstellungsgespräche", Seite 129ff.). Ihre Antworten sollten Sie nicht erst in dem Moment suchen, in dem die Fragen auf Sie einprasseln.

Dies gilt besonders, wenn nicht das Unternehmen selbst, sondern eine dazwischengeschaltete Personalberatung den zukünftigen Stelleninhaber aussucht bzw. eine Vorauswahl durchführt. Personalberatungen werden vom beauftragten Unternehmen oft nach der Anzahl der gesichteten Bewerber bezahlt. Zum Teil wird verlangt, daß bestimmte Quoten von der Personalberatung abgearbeitet werden: 60% Männer und 30% Frauen mit Berufserfahrung, 10% Hochschulabsolventen. Bereiten Sie sich deshalb gründlich vor, sonst werden Sie zum Quotenbewerber, d.h. Sie werden in der Statistik unter „Kandidat hat angerufen, ist aber uninteressant" abgelegt.

Sie können sich präparieren, indem Sie den Arbeitsstil der Gegenseite berücksichtigen. Auf der anderen Seite liegt ein Erfassungsbogen zu Ihrer Person und Ihren Qualifikationen, der abgearbeitet wird. Sie werden durch Ihre am Telefon gemachten Angaben vorsortiert und in das klassische Dreierschema für Bewerber eingeordnet:

Bewerberablage

1.Wahl: Sie haben am Telefon so überzeugt, daß Ihr Name vom Gesprächspartner notiert wird und Ihre schriftlichen Unterlagen mit Interesse erwartet werden.

2.Wahl: Man erwartet Ihre Unterlagen, geht aber davon aus, daß Sie zu den durchschnittlichen Bewerbern gehören

3.Wahl: Ihre Unterlagen werden nicht abgerufen, Sie erhalten Ihre Absage schon am Telefon.

Für Sie gilt daher, daß Sie Ihren Verkaufsprospekt so trainiert haben müssen, daß Sie auch nachts aus dem Tiefschlaf geweckt werden könnten, um sich drei Minuten lang überzeugend darzustellen.

Tiefschlaf und Verkaufsprospekt

Sie müssen erkennen lassen, daß Sie die Anforderungen aus der Stellenanzeige erfüllen und darüber hinaus Kenntnisse mitbringen, die für die ausgeschriebene Position von Interesse sind. Das heißt nicht, daß Sie schon jetzt eine detaillierte Stellenbeschreibung mit genauer Position im Organigramm des Unternehmens liefern sollen. Hellseherei wird nicht von Ihnen verlangt. Sie müssen aber zumindest die typischen Anforderungen von Unternehmen Ihrer Branche kennen.

Die Bewerbung am Telefon unterliegt besonderen Anforderungen, die nicht ohne weiteres ersichtlich sind. Sie sollten die Grundregeln des überzeugenden Telefonierens vorher kennen und trainieren. Telefontraining für das Bewerbungsverfahren gehört für unsere Kunden mit zu den klassischen Übungseinheiten.

Stehend telefonieren

Im Unterschied zum Vorstellungsgespräch haben beide Gesprächspartner beim Telefonkontakt nur die Stimme des anderen als Eindruck zur Verfügung. Das bedeutet, daß über Klang und Ausdruck der Stimme Aufregung, Unsicherheit und Ängstlichkeit genauso wie Sicherheit und Selbstbewußtsein vermittelt werden. Üben Sie daher, vor dem Telefongespräch eine aufgeschlossene, selbstbewußte Stimmung zu erzeugen. Dies überträgt sich auf den Klang Ihrer Stimme. Rufen Sie nur an, wenn Sie sich topfit fühlen. Telefonieren Sie im Stehen, Sie sind dann länger konzentriert, und der Spannungsbogen reißt nicht so schnell ab.

Telefontest

Wichtig bei der telefonischen Vorabanfrage: Nicht abwimmeln lassen. Weisen Sie darauf hin, daß Sie Verständnis dafür haben, daß durch viele Anrufe die tägliche Arbeit nur eingeschränkt möglich ist. Appellieren Sie jedoch zugleich an Ihr Gegenüber, daß eine intensive Prüfung Ihrer Bewerbungsunterlagen weitaus mehr Zeit, Mühe und Kosten verursacht als das kurze Telefongespräch. Der Widerstand am anderen Ende ist dann mei-

60

stens nicht sehr groß. Schlimmstenfalls fragen Sie, ob Sie zu einem anderen Zeitpunkt, an dem es besser paßt, noch einmal anrufen können.

Wenn die Stellenanzeige den Namen Ihres telefonischen Gesprächspartners nicht enthält oder Sie am Telefon mit einem Stellvertreter sprechen, fragen Sie unbedingt nach dem Namen. Unvorbereiteten Bewerbern passiert es immer wieder, daß Telefongespräche positiv verlaufen und der Anrufer am Ende aufgefordert wird, der Firma seine Bewerbungsunterlagen zuzuschicken. Kaum ist das Telefongespräch beendet, fällt dem überraschten Bewerber ein, daß er gar nicht weiß, an wen er seine Unterlagen senden soll. Die namenlose Adressierung an die „Personalabteilung" führt keineswegs dazu, daß die Unterlagen bei der Person ankommen, mit der der vorteilhafte erste Kontakt geknüpft wurde. Lassen Sie sich den Namen Ihres Gesprächspartners ruhig buchstabieren. Dann können Sie ihn im Telefongespräch und später im Anschreiben einsetzen, um den Kontakt von Anfang an persönlicher zu gestalten.

Namen erfragen

Ein Blick in unsere Musteranschreiben im Kapitel „Musteranschreiben und Musterlebensläufe", Seite 113ff., zeigt Ihnen, daß wir die Aufforderung, die Namen von Personalverantwortlichen zu erfragen, ernst meinen. Sie sehen dort, wie herausgefundene Namen in Anschreiben eingefügt werden. Mit dem ersten Satz *„Vielen Dank für die zusätzlichen Informationen zur Tätigkeit als ABC bei der XYZ AG, die Sie mir in unserem Telefongespräch gegeben haben"* setzen Sie sich im Anschreiben in den Augen von Personalverantwortlichen wohltuend aus der Masse gesichtsloser Bewerber ab. Sie können sicher sein, daß Ihre Unterlagen aufmerksamer gelesen werden.

Informations-vorsprung einsetzen

61

In Ihrem Telefongespräch gehen Sie so vor: Arbeiten Sie Ihren vorher erstellten Fragenkatalog ab, und geben Sie kurze Informationen über sich selbst. Machen Sie sich interessant, indem Sie auf Projekte hinweisen, bei denen Sie die Kenntnisse eingesetzt haben, die das Unternehmen verlangt. Keine Monologe bitte! Fragen Sie bei sehr unterschiedlichen Anforderungen auch nach einer möglichen Gewichtung. Es kommt oft vor, daß Stellenanzeigen überladen werden, um die weniger selbstbewußten Bewerber zu verschrecken. Vielleicht ergibt das Telefongespräch, daß Sie die im Mittelpunkt der Position stehenden Anforderungen optimal erfüllen.

Aktives Gesprächsende

Sie müssen das Telefongespräch aktiv beenden. Im Idealfall fassen Sie das Ergebnis kurz zusammen, d.h. Sie stellen für Ihr Gegenüber fest, daß Sie die wesentlichen Anforderungen der Position erfüllen und dem Unternehmen gerne Ihre Bewerbungsunterlagen zusenden möchten. Bedanken Sie sich für die Zeit, die sich Ihr Gegenüber für Sie genommen hat und für die Informationen, die Sie erhalten haben.

Startvorteil ausbauen

Um den Startvorteil, den Sie sich aufgebaut haben, zu nutzen, sollten Ihre Bewerbungsunterlagen spätestens zwei Tage nach dem Telefonat beim Gesprächspartner ankommen. Sonst verpufft die Erinnerung an Sie.

Fazit: Die telefonische Bewerbung ist ein äußerst wirkungsvolles Instrument für Sie, um schneller Erfolg im Bewerbungsverfahren zu haben. Viel zu wenig Bewerber nutzen die Möglichkeit, telefonisch Informationen einzuholen und sich selbst interessant darzustellen. Die meisten handeln nach der Devise: „Am besten die Unterlagen abschicken und dann drei Monate auf die Absage warten." Dies ist vom Arbeitsaufwand her zwar verständlich, verringert aber die Erfolgsquote drastisch.

Sie werden angerufen

Wir haben es regelmäßig bei Kunden von uns erlebt: Firmen rufen nach Erhalt der Bewerbungsunterlagen an und vereinbaren kurzfristig ein Vorstellungsgespräch; auch abends um 20 Uhr. Der Rückruf beim Bewerber ist eine gute Möglichkeit, um Flexibilität und Mobilität zu überprüfen. Wer ernsthaft an einer Stelle interessiert ist, kommt auch kurzfristig zu einem Vorstellungsgespräch von Berlin nach Düsseldorf.

Sind Sie erreichbar?

Wichtig für Sie: Während der aktiven Bewerbungsphase sollten Sie immer telefonisch erreichbar sein. Das fängt damit an, daß Sie nicht nur auf Ihrem Anschreiben sondern auch auf Ihrem Lebenslauf Ihre Telefonnummer nennen und am besten eine Uhrzeit angeben, zu der Sie regelmäßig zu erreichen sind.

Unverzichtbar im Bewerbungsmarathon: der Anrufbeantworter. Manche Firmen rufen Bewerber nicht mehr als dreimal an. Die Lage sieht schlecht für Sie aus, wenn man Ihre Mitbewerber inzwischen erreicht hat. Verschonen Sie die Anrufer bitte mit Musik oder „witzigen Sprüchen" als Ansagetext. Sprechen Sie für die Bewerbungsphase einen seriösen Ansagetext auf Ihren Anrufbeantworter.

Punktsieg durch Nachwuchs

Bewerberinnen und Bewerber, die Familie haben, sollten alle, die Zugriff auf das Telefon haben, rechtzeitig über laufende Bewerbungen informieren. Auch der liebe Nachwuchs wird von Personalverantwortlichen am Telefon schon einmal mit einbezogen. Der fünfjährige Sohn eines unserer Kunden sprach am Telefon zweimal mit dem Geschäftsführer einer Firma. Auf die Frage: „Warum ist denn der Papa so oft nicht zu Hause?", antwortete der Kleine: „Weil Papa immer so viel arbeitet!" Punktsieg für unseren Kunden, ein dritter Anruf folgte.

Unterlagen neben das Telefon

Lebenslauf, Papier und Stift sollten immer neben dem Telefon liegen. Wenn Sie mehrere Bewerbungen losgeschickt haben, erstellen Sie eine Liste mit den Firmennamen der laufenden Bewerbungen und dem Absendedatum. Diese Liste legen Sie mit den jeweils verwendeten Anschreiben und Lebensläufen neben Ihr Telefon. Sie sind dann bei Rückfragen sicher und vermeiden, daß Ihr Gesprächspartner den Eindruck gewinnt, Sie seien entweder ein Vielbewerber oder hätten sich nur aus einer Laune heraus beworben.

Der extremste Fall, den wir in unserer Beratungstätigkeit erlebt haben, war ein Naturwissenschaftler, der sein Einstellungsgespräch per Telefon an seinem Arbeitsplatz im Labor geführt hat. Das Unternehmen war nach der Zusendung der schriftlichen Bewerbungsunterlagen interessiert, rief ihn an und fragte ihn, ob er mit einem telefonischen Bewerbungsgespräch einverstanden sei. Der Bewerber wurde eine Stunde lang per Konferenzschaltung befragt. Ergebnis: Er bekam die Stelle.

Telefonische Bewerbungsgespräche

Derartige Bewerbungsgespräche per Telefon sind die Ausnahme. Die Regel ist aber, daß wegen der hohen Kosten, die eine Anfahrt und eventuelle Übernachtung verursachen, viele Unternehmen per Telefon eine fundierte Vorauswahl durchführen. Mit Ihrem überzeugenden Verkaufsprospekt und den Fragen der Personalexperten müssen Sie deswegen vertraut sein, bevor Sie Ihre Unterlagen absenden.

Checkliste *Telefon*

- Egal, ob Sie angerufen werden oder selbst anrufen: Lebenslauf, evtl. Anschreiben, Stift und Papier direkt neben Ihrem Telefon sind während Ihrer aktiven Bewerbungsphase ein absolutes Muß.
- Immer Namen der Gesprächspartner aufschreiben! (Wichtig für weitere Gespräche und das Anschreiben)
- Ihr Verkaufsprospekt muß vor dem Anruf eingeübt sein. Die unausgesprochene Frage, „Warum gerade Sie?", müssen Sie durch die Darstellung Ihrer Kenntnisse und Fähigkeiten beantworten können.
- Die typischen Fragen des Vorstellungsgespräches und Ihre überzeugenden Antworten darauf sollten Sie kennen. Die Frageblöcke zu Ihren Stärken und Schwächen, zu Ihrer Motivation der Bewerbung, zu Ihrer beruflichen Entwicklung und zu Ihrer Person finden Sie im Kapitel „Vorstellungsgespräche", Seite 129ff..
- Erstellen Sie vor dem Gespräch Ihren Fragenkatalog. Verfallen Sie dabei aber nicht in die Verhörmethode. W-Fragen (was, welche, warum...) sind offen und lassen Platz für Ihr Gegenüber. Beispiel: „Welche Softwarekenntnisse sind über die von Ihnen genannten hinaus noch wichtig für die Position?"
- Üben Sie, sich am Telefon nicht abwimmeln zu lassen. Bleiben Sie jedoch immer höflich, und äußern Sie Verständnis, wenn der Mensch am anderen Ende der Leitung wegen der vielen Anrufe von Bewerbern genervt ist. Weisen Sie auf den Vorteil für beide Seiten hin, daß Zeit, Mühe und Kosten durch ein Vorabgespräch gespart werden.
- Wenn Sie aufgefordert worden sind, dem Unternehmen Ihre Bewerbungsunterlagen zuzusenden, bleiben Ihnen maximal zwei Tage, damit man sich noch an Sie erinnert. Sorgen Sie dafür, daß Sie die üblichen Bewerbungsutensilien immer in ausreichender Menge zu Hause haben (Hefter, Kopien, Fotos, Briefumschläge, Porto).

65

7. Mit diesen Verfahren wird ausgewählt

„Die Kosten für eine gute Personalauswahl sind Peanuts im Verhältnis zum Gewinn."

Werner Wittmann, Berufspsychologe und Eignungsdiagnostiker

Bewerberinnen und Bewerber durchlaufen verschiedene Auswahlverfahren der Firmen, bevor sie einen Arbeitsvertrag angeboten bekommen. Die übliche Reihenfolge der Verfahren, die Sie erwarten, haben wir in der folgenden Abbildung zusammengefaßt.

Verfahren zur Bewerberauswahl

1. Stufe	Formale Prüfung der schriftlichen Unterlagen
	⇩
2. Stufe	Inhaltliche Prüfung der schriftlichen Unterlagen
	⇩
3. Stufe	1. Vorstellungsgespräch
	⇩
4. Stufe	Assessment Center (werden nicht immer durchgeführt)
	⇩
5. Stufe	2. Vorstellungsgespräch
	⇩
	Angebot für einen Arbeitsvertrag

Personalkosten

Warum dieser Aufwand? Falsche Personalauswahl ist teuer. Bereits ein Sachbearbeiter kostet ein Unternehmen jährlich je nach Branche zwischen 110.000,- bis 130.000,- DM, für Gruppenleiter beträgt die Spanne 140.000,- bis 160.000,- DM (die Summen ergeben sich aus den durchschnittlichen Brutto-Jahresgehältern zzgl. 40% Arbeitgeberbeitrag zu den Sozialversicherungsleistungen). Vor diesem Hintergrund wird klar, warum die Firmen genau darauf achten, für welche Bewerber Sie diese Summen ausgeben und was sie dafür an Gegenleistung bekommen.

Womit müssen Sie rechnen?

Die Stufen 1 und 2, die formale und inhaltliche Prüfung der schriftlichen Bewerbungsunterlagen und die Stufen 3 und 5, Vorstellungsgespräche, erwarten alle Bewerber. Assessment Center, Stufe 4, werden bei etwa 20% der zu vergebenden Arbeitsplätze für Angestellte eingesetzt.

Sie können davon ausgehen, daß Sie auf Assessment Center in mittleren und großen Betrieben treffen. Dort gibt es spezielle Personalabteilungen, die in der Lage sind, diese besonders anspruchsvollen psychologischen Auswahlverfahren durchzuführen und auszuwerten. Teilweise werden externe Personalberatungen von den mittleren und großen Betrieben mit der Durchführung von Assessment Centern beauftragt. In kleineren Betrieben gilt eher der „Nasenfaktor", d.h. man versucht - insbesondere im Vorstellungsgespräch - herauszubekommen, ob Sie zur Firma, den Mitarbeitern und dem Arbeitsklima passen.

Die Großen und die Kleinen

Für jedes Auswahlverfahren gelten besondere Regeln, durch deren Beachtung Sie sich einen erheblichen Vorsprung gegenüber den anderen Bewerbern erarbeiten. Im Kapitel „Schriftliche Unterlagen", Seite 68ff., machen wir Sie mit den formalen und inhaltlichen Anforderungen an Ihr Anschreiben, Ihren Lebenslauf und an Ihr Bewerbungsfoto bekannt. Im Kapitel „Vorstellungsgespräche", Seite 129ff., trainieren wir mit Ihnen, wie Sie Ihre Stärken im Gespräch herüberbringen und auf Streßfragen reagieren. Das Kapitel „Assessment Center", Seite 171ff., macht Sie mit den Übungen, auf die Sie in Gruppenauswahlverfahren treffen, vertraut.

Die Regeln der Auswahlverfahren

8. Schriftliche Unterlagen

„Das Anschreiben muß individuell formuliert sein. Der Bewerber muß auf die Anforderungen der ausgeschriebenen Stelle eingehen und inhaltlich gestrafft darlegen, wie er sie erfüllt."

Peter Ulrich, Personalleiter, Volkswagen Leasing GmbH

Anschreiben, Lebenslauf, Bewerbungsfoto, Arbeitszeugnisse und sonstige Leistungsnachweise stehen im Mittelpunkt dieses Kapitels. Wir machen Sie mit den Anforderungen von Firmen an Ihre schriftlichen Bewerbungsunterlagen vertraut. Wenn Sie unsere Hinweise berücksichtigen und umsetzen, können Sie mit Ihren Unterlagen im Bewerbungsverfahren entscheidende Punkte sammeln.

Anforderungen durchschauen

Wesentlich für Sie ist die Unterscheidung zwischen formalen und inhaltlichen Fehlern. Wenn Sie formale Fehler begehen, werden Ihre Unterlagen sehr schnell zurückgeschickt. Aber auch wenn Sie formale Fehler vermeiden, werden Sie noch nicht automatisch zu einem Vorstellungsgespräch eingeladen. Erst wenn die anschließende inhaltliche Prüfung Ihrer Unterlagen ergibt, daß Sie interessant sind, erreichen Sie die nächste Runde.

Formale Fehler in den Bewerbungsunterlagen

Die erste Hürde

Zunächst zu den formalen Fehlern. In kleinen Firmen findet die formale und inhaltliche Prüfung Ihrer Bewerbungsunterlagen gleichzeitig statt. In mittleren und großen Unternehmen werden jedoch die Massen an Bewerbungen im ersten Schritt nur formal geprüft. Fehler auf dieser Stufe führen zum sofortigen Ausscheiden aus dem Bewerberrennen um den zu vergebenden Arbeitsplatz.

Die Vollständigkeit Ihrer Unterlagen ist die erste Prüfungsstufe. Die Formulierungen in den Stellenanzeigen lauten „Richten Sie bitte Ihre vollständigen Bewerbungsunterlagen an...", „Wir freuen uns auf Ihre kompletten Bewerbungsunterlagen" oder auch „Bewerben Sie sich bitte mit aussagekräftigen Unterlagen". Was gehört nun zu vollständigen, kompletten bzw. aussagekräftigen Bewerbungsunterlagen? Vollständige Unterlagen beinhalten:

Vollständige Unterlagen

* das Anschreiben,
* den Lebenslauf,
* das Bewerbungsfoto,
* Arbeitszeugnisse für alle bisher ausgeübten Berufstätigkeiten,
* sonstige Leistungsnachweise (Weiterbildungsveranstaltungen, Sprach- oder Computerkurse, u.ä.),
* das berufsqualifizierende Zeugnis (Ausbildung oder Hochschuldiplom/-examen).

Ihre Unterlagen sortieren Sie in folgender Reihenfolge in die Bewerbungsmappe ein: Ganz oben liegt das Anschreiben, darunter der Lebenslauf mit aufgeklebtem Foto. Dann geht es weiter mit den Arbeitszeugnissen, den sonstigen Leistungsnachweisen und dem berufsqualifizierenden Abschluß. Fangen Sie mit den aktuellen Belegen an und gehen Sie dann zeitlich rückwärts. Beispielsweise kommt nach Ihrem Lebenslauf das Zwischenzeugnis Ihres derzeitigen Arbeitgebers, dann folgt das Arbeitszeugnis Ihres vorherigen Arbeitgebers, dann fügen Sie Zertifikate über Weiterbildungsveranstaltungen bei und ganz am Ende der Mappe findet sich Ihr

Die richtige Reihenfolge

Zeugnis über Ihre Berufsausbildung. Der Grund für diese Reihenfolge liegt darin, daß der Leser Ihrer Unterlagen nur eine begrenzte Aufmerksamkeitsspanne hat. Sie erleichtern ihm die Arbeit, wenn Ihre Bewerbungsmappe so geordnet ist, daß zuerst die wesentlichen und aussagekräftigen Unterlagen „ins Auge stechen".

Belege?

Generell gilt: Was im Anschreiben erwähnt wird, muß auch im Lebenslauf auftauchen und sollte nach Möglichkeit belegt werden. Nicht weiter zu belegen brauchen Sie allgemeine Sprach- oder EDV-Kenntnisse (siehe Kapitel „Arbeitszeugnisse und sonstige Leistungsnachweise", Seite 100ff.). Sind Ihre Unterlagen nicht vollständig, wird man kaum bei Ihnen anrufen und fehlende Unterlagen nachfordern. Es gibt genügend andere Kandidaten, die vollständige Unterlagen einsenden.

Anschreiben lose auflegen!

Konservative Personalverantwortliche legen Wert darauf, daß das Anschreiben nicht in die Bewerbungsmappe geklemmt oder womöglich gelocht wird. Das gibt Ihnen einen Minuspunkt. Daher gilt: das Anschreiben gehört in den Bewerbungshefter, wird aber lose unter den Mappendeckel gelegt, d.h. nicht gelocht und nicht eingeklemmt. Dies hat rechtliche Gründe. Das Anschreiben gehört der Firma, die Bewerbungsmappe und deren Inhalt gehört Ihnen. Sie haben einen Anspruch darauf, Ihre Mappe samt Inhalt - ohne das Anschreiben - bei einer Ablehnung zurückzuerhalten.

z.Hd. oder z.H.?

Berücksichtigen Sie ebenfalls, daß die Abkürzungen „z.Hd.", „z.H.", „Bzg." und „Betr." nicht mehr geschrieben werden, es sei denn, Ihr zukünftiger Arbeitgeber verwendet diese Abkürzungen in seiner Stellenanzeige. Dann benutzen Sie bitte ebenfalls diese überholten Kurzformen, sonst aber nicht.

Betreff- und Bezugzeile sind in Ihrem Anschreiben natürlich unverzichtbar. Schreiben Sie über die Anrede, die
Betreffzeile, in Fettdruck die Position, für die Sie sich
bewerben. Verwenden Sie dabei die von der Firma be-
nutzte Stellenbezeichnung. In der Bezugzeile Ihres Anschreibens geben Sie die Fundstelle der Stellenanzeige,
d.h. Name und Erscheinungsdatum der Zeitung, an.
Falls eine Kennziffer in der Anzeige angegeben ist, führen Sie diese selbstverständlich auch auf. Große Unternehmen schalten oft mehrere Stellenanzeigen gleichzeitig. Erleichtern Sie die interne Zuordnung an den richtigen Bearbeiter durch präzise Angaben. Wenn Sie - wie
im Kapitel „Telefon und Bewerbung", S. 57ff., beschrie-
ben - vorab telefonische Informationen eingeholt haben,
gehört der Bezug auf das Gespräch mit Datumsangabe
ebenfalls in die Bezugzeile. Beispiele dafür, wie Sie
diese Formalien bei der Gestaltung Ihrer Anschreiben
umsetzen, finden Sie in unseren Beispielanschreiben im
Kapitel „Musteranschreiben und Musterlebensläufe",
Seite 113ff..

Betrifft Bezug

Anschreiben, die mit „Sehr geehrte Damen und Herren"
beginnen, lassen vermuten, daß Sie im Vorfeld wenig
Informationen eingeholt haben. Sie sollten daher unbedingt vor dem Absenden Ihrer Unterlagen den Namen
der/des Personalverantwortlichen herausbekommen.
Dies ist nicht immer möglich, aber in den meisten Fällen
haben Sie mit einem kurzen Telefonanruf in der Tele-
fonzentrale der Firma Erfolg. Lassen Sie sich den Namen im Zweifelsfall immer buchstabieren. Schreiben Sie
den Namen im Anschreiben richtig, haben Sie beim Leser bereits den ersten Pluspunkt gesammelt. Falsch ge-
schriebene Namen führen dagegen zum Punktabzug.

Namen öffnen Türen

Kurze Sätze

Lange, verschachtelte Sätze im Anschreiben sind schlecht lesbar. Verwenden Sie kurze Sätze und gliedern Sie den Text in Blöcke. Ein Anschreiben, das aus einem einzigen Absatz besteht, ist eine Zumutung für den Leser.

Eine Seite Anschreiben

Aus dem Einzug des Computers in die Aufbereitung von Bewerbungsunterlagen ergeben sich Vorteile, aber auch neue Fehlerquellen. Verzichten Sie auf zu kleine oder unlesbare Schrifttypen. Die Grundregel, eine Seite Anschreiben für Bewerber mit bis zu fünf Jahren Berufserfahrung und anderthalb Seiten Anschreiben für Bewerber mit mehr als fünf Jahren Berufserfahrung, gilt immer noch. Das heißt aber nicht, daß Sie jetzt Ihr ganzes Anschreiben in einer Schriftgröße, die nur mit der Lupe zu entziffern ist, verfassen. Die von Ihnen ausgewählte Schrifttype sollte klassisch sein, also Serifen enthalten (Times, Courier). Serifenfreie Schriften wie Arial sind bei längerem Text schwer zu lesen.

Klares Schriftbild

Spielereien mit Zeichenformatierungen wie kursiv, fett, unterstrichen, doppelt unterstrichen und gerahmte Absätze dokumentieren nur das Leistungsvermögen Ihres PC's und nicht das Ihrige. Bitte keine Spielereien, die die Lesbarkeit des Anschreibens beeinträchtigen. Aus der Arbeit mit dem PC hat sich ein weiterer typischer Fehler entwickelt. Firmennamen werden per Textbaustein im Kopf des Anschreibens, direkt im Anschreiben und für die selbstklebende Adreßetikette verwandt. Manchmal werden jedoch nicht alle Textbausteine ausgewechselt. Personalverantwortliche sind sehr erfreut über die gründliche Endkontrolle Ihrer Unterlagen, wenn im Kopf des Anschreibens eine andere Firma als im Text selber oder auf dem Briefumschlag genannt wird.

In unserer Tätigkeit als Bewerbungsberater lesen wir regelmäßig die Bewerbungsunterlagen unserer Kunden. Ergebnis: Wir haben noch nie!!! Anschreiben durchgesehen, bei denen wir nicht Rechtschreib- oder Kommafehler gefunden haben. Ein bis zwei Fehler werden vielleicht noch akzeptiert, darüber hinaus wird es kritisch für Sie. Korrekturlesen ist unverzichtbar. Dies gilt genauso für die Anschrift. In die Firmenanschrift, d.h. Firmenname, Abteilung, Ansprechpartner, Postfach bzw. Straße und Hausnummer, PLZ und Ort, werden oft Fehler eingebaut. Geben Sie deshalb Ihre Unterlagen zur Korrektur immer jemandem, der mit ihnen nicht so vertraut ist, daß er „blind" Fehler überliest.

Gegenlesen lassen

Auch wenn sich immer mehr Firmen zur Schonung der Umwelt bekennen: Verwenden Sie keine Bewerbungsmappen aus Pappkarton, es sei denn, Sie bewerben sich bei Greenpeace, bei einer Umweltstiftung oder ähnlichen Firmen und Organisationen. Dann müssen Sie Pappmappen verwenden. Das gleiche gilt für Recycling-Papier mit Grauschleier. Verwenden Sie bis auf die genannten Ausnahmen normales, weißes Schreibmaschinenpapier guter Qualität und einen guten Plastikschnellhefter (drei bis vier DM). Die Bewerbungsmappen sollten so beschaffen sein, daß der Leser mit einer Hand den Telefonhörer halten und mit der anderen dabei in Ihren Unterlagen blättern kann. Dies gilt insbesondere bei Bewerbungsunterlagen, die an Personalberatungen gehen. Problematisch sind Mappen mit Klemmleiste bzw. Klemmschiene. Machen Sie also zu Hause bzw. im Fachgeschäft den Mappen-Telefon-Test, bevor dieser Test im Ernstfall für Sie ungünstig ausgeht.

Bewerbungsmappe

Keine
Klarsichthüllen

Zum Thema Bewerbungsmappen und Umweltschutz noch folgendes: Klarsichthüllen haben eigentlich im Bewerbungsverfahren keinen Platz mehr. Die Unterlagen von Bewerbern, die in die engere Auswahl gekommen sind, werden oft kopiert, um die Kopien an die Fachabteilungen weiterzureichen. Klarsichthüllen stören den Einzelblatteinzug der Kopierer und das Vervielfältigen Ihrer Bewerbung wird zum (ungeliebten) Geduldsspiel.

Nur gute Kopien

Fotokopien von Zeugnissen und sonstigen Leistungsnachweisen bitte immer erstklassig anfertigen lassen. Nicht die Kopien für 6 Pfennig verwenden, bei denen anschließend dunkle Streifen auf dem Text zu sehen sind. Ökologisches Kopieren, d.h. Verkleinern der Vorlagen, so daß aus vier DIN A4 Originalen plötzlich vier auf einem Blatt angeordnete DIN A6 Verkleinerungen werden, geht leider auf Kosten der Übersichtlichkeit und Lesbarkeit und ist deshalb nicht zu empfehlen. Bitte auch immer nur einseitig kopieren. Die Kopien brauchen nicht beglaubigt werden. Die einzige Ausnahme ist hier die Bewerbung um einen Arbeitsplatz im öffentlichen Dienst.

In unserer Checkliste „Formale Anforderungen" finden Sie die Hinweise zur Vermeidung formaler Fehler noch einmal zusammengefaßt.

Checkliste *Formale Anforderungen*

- Vollständige Unterlagen absenden: Anschreiben, Lebenslauf, Foto, Arbeitszeugnis/se, sonstige Leistungsnachweise und Zeugnis über berufsqualifizierenden Abschluß.
- So werden die Unterlagen in die Mappe sortiert: Oben das Anschreiben, dann Lebenslauf mit Foto, aktuelles Arbeitszeugnis, davorliegende Arbeitszeugnisse, sonstige Leistungsnachweise, Ausbildungszeugnis.
- Das Anschreiben gehört *in* die Bewerbungsmappe, wird aber *lose* hinein gelegt, d.h. *nicht* gelocht und *nicht* eingeklemmt.
- Die Abkürzungen Bzg. (Bezug), betr. (Betreff), z.Hd. (zu Händen) sind nicht mehr gebräuchlich.
- In die Betreffzeile gehört die Nennung der Position für die Sie sich bewerben. In die Bezugzeile die Fundstelle der Stellenanzeige und das Datum eines evtl. vorab geführten Telefongespräches.
- In die Anschrift und in die Anrede gehört der Name der/des Personalverantwortlichen.
- Die Schrifttype im Anschreiben muß lesbar sein. Schreibmaschine ist okay. Beim PC-Ausdruck Serifenschrift (z.B. Times New Roman) und nicht kleiner als 12 Punkte. *Zuviele* Schrifttypen und *Spielereien* mit *Formatierungen* wie *kursiv*, **fett** und <u>unterstrichen</u> stören den Leser.
- Kurze Sätze schreiben. Keine verschachtelten Sätze; keine Sätze, die sich über ganze Absätze erstrecken.
- Achtung, der Rechtschreib- und Kommateufel steckt im Detail: Immer gegenlesen lassen! Die Firmenanschrift muß stimmen. Vorsicht vor Fehlern bei der Rechtsform der Firma, Postfach, Straße, Hausnummer, Postleitzahl oder dem Namen des Personalverantwortlichen.
- Keine Klarsichthüllen. Nur erstklassige, gut lesbare Kopien verwenden. Kopien nicht verkleinern oder beidseitig kopieren. Kopien müssen nicht beglaubigt werden (Ausnahme öffentlicher Dienst).

Das überzeugende Anschreiben

Raucht Ihnen schon der Kopf bei so vielen möglichen formalen Fehlerquellen? Dann wird es jetzt etwas leichter für Sie, denn die inhaltliche Gestaltung Ihres Anschreibens entspricht Ihrem Verkaufsprospekt, nur in Schriftform. Nach der gründlichen Auseinandersetzung mit unseren Überzeugungsregeln für Verkaufsprospekte im Kapitel „Überzeugen in drei Minuten: Ihr Verkaufsprospekt", Seite 30ff., haben Sie die wesentliche Vorarbeit für den Inhalt Ihres Anschreibens bereits geleistet. Welche Besonderheiten Sie bei der inhaltlichen Gestaltung beachten müssen, zeigen wir Ihnen jetzt.

Überzeugungsarbeit gefragt

Viele Bewerber sind der Meinung, daß die beigelegten Arbeitszeugnisse und sonstigen Leistungsnachweise ausreichen, um Firmen zu überzeugen. Sie benutzen im Anschreiben Formulierungen wie „alles weitere entnehmen Sie meinem Lebenslauf und den anderen Anlagen". Dies ist grundsätzlich problematisch, da viele Firmen erst dann in eine intensive Prüfung Ihrer schriftlichen Unterlagen einsteigen, wenn Sie mit Ihrem Anschreiben Interesse geweckt haben. Personalverantwortliche bilden sich ihre erste Meinung schon beim Lesen des Anschreibens. Die weiteren Unterlagen verstärken dann das bereits negativ oder positiv gefärbte Bewerberbild.

Hürde Anschreiben

Das Anschreiben ist das Herzstück Ihrer schriftlichen Bewerbungsunterlagen, weil Personalverantwortliche bereits nach einem kurzem Blick auf Ihre Selbstdarstellung auf dem Papier entscheiden, ob Sie ein interessanter Bewerber oder ein Durchschnittskandidat sind.

76

Die Erfolgsformel für die Formulierung Ihres Anschreibens lautet: Sie suchen einen Mitarbeiter für die Tätigkeit als XYZ - ich als Bewerber biete die passenden fachlichen Kenntnisse und persönlichen Fähigkeiten.

Die Erfolgsformel

Der erste Satz des Anschreibens, gleich nach der Anrede, sollte Sie bereits von den anderen Bewerbern unterscheiden. Nennen Sie die persönlichen Fähigkeiten und fachlichen Kenntnisse, die Sie mitbringen, um Ihr zukünftiges Tätigkeitsfeld auszufüllen. Beziehen Sie sich dabei auf die Anforderungen aus der Stellenanzeige. Im nächsten Absatz führen Sie auf, was Sie in Ihren bisherigen Positionen getan haben, um auf die Anforderungen der neuen Tätigkeit vorbereitet zu sein.

Der erste Satz

Schreiben Sie nicht alle Anforderungen der Stellenanzeige ab, sondern nennen Sie die wichtigsten, und erweitern Sie diese um ein bis zwei Fähigkeiten oder Kenntnisse, die für die Bewältigung der ausgeschriebenen Position nützlich sind und über die Sie verfügen. So stellt sich beim Leser der „Kandidat-denkt-mit-Effekt" ein.

Kandidat-denkt-mit-Effekt

Beispiel *„Kandidat-denkt-mit-Effekt"*
In einer ausgeschriebenen Stelle für einen zukünftigen kaufmännischen Mitarbeiter werden folgende Anforderungen genannt:

1. „Zentraler Ansprechpartner für die kommerzielle Vertragsabwicklung und -verfolgung"
2. „Verantwortung für die Administration und Pflege der Originalverträge"
3. „Klärungsstelle für Rechnungen und Services"
4. „Analytische-strukturierte Arbeitsweise"
5. „Berufserfahrung im Projektgeschäft (Planung, Monitoring, Abwicklung)"
6. „Eigeninitiative und Durchsetzungsvermögen"

Sie können die genannten Anforderungen durch Belege für Ihre

7. „Verhandlungs- und Abschlußsicherheit", oder
8. „Kundenorientierung, oder
9. „Überzeugungsfähigkeit, oder
10. „Selbständige Arbeitsweise"

Profil abrunden

ergänzen. So sammeln Sie Pluspunkte und runden Ihr Profil ab. Wenn Ihnen entsprechende Formulierungen nicht so leicht über die Lippen kommen wie uns, finden Sie weitere Beispiele und zusätzliche Anregungen in den Kapiteln „Musteranschreiben und Musterlebensläufe", Seite 113ff., und „Stärken und Schwächen", Seite 137ff.. Sie können als Formulierungshilfe auch die Stellenangebote in Zeitungen und Zeitschriften nutzen. Wenn Sie vier bis fünf Stellenanzeigen Ihrer Wunschposition gefunden haben, haben Sie einen zusätzlichen Fundus an Formulierungen für Ihr Anschreiben zur Verfügung.

„Muß"- und „Kann"-Anforderungen

Wichtig für Ihr Anschreiben ist, daß Sie lernen „Muß"- und „Kann"-Anforderungen in den Stellenanzeigen zu unterscheiden und auf diese Vorgaben von Seiten eines potentiellen Arbeitgebers entsprechend zu reagieren.

Wenn Sie mit Ihren Unterlagen „Muß"-Vorgaben nicht erfüllen, können Sie sich Ihre Bewerbung in der Regel sparen. Wenn Sie dagegen „Kann"-Vorgaben nicht erfüllen, lohnt sich die Bewerbung trotzdem. Selbst wenn andere Bewerber die „Kann"-Vorgaben besser erfüllen, können Sie dennoch überzeugen, indem Sie Kenntnisse und Fähigkeiten anbieten, über die andere Bewerber nicht verfügen. Sie erkennen „Muß"- und „Kann"-Vorgaben an der Wortwahl. Wir zeigen Ihnen in der folgenden Checkliste Originalformulierungen aus Stellenanzeigen.

Checkliste „Muß"- und „Kann"- Anforderungen in Stellenanzeigen

Textbeispiele „Muß"-Anforderungen:

- „Für diese Tätigkeit ist eine nachweisbar erfolgreiche Berufspraxis als ... erforderlich."
- „Sie wissen, daß Mobilität ein wesentlicher Karrierefaktor ist."
- „Aufgrund der Internationalität des Hauses werden gute englische und französische Sprachkenntnisse vorausgesetzt."
- „Vorausgesetzt werden praktische Erfahrungen in Netzwerkprojekten."
- „Es werden nur Bewerbungen berücksichtigt, bei denen die ... Kenntnisse nachgewiesen sind."
- „Sie verfügen über mindestens fünf Jahre Berufserfahrung."
- „Kenntnisse in ... müssen wir voraussetzen."
- „Der sichere Umgang mit ... ist unabdingbar."

Textbeispiele „Kann"-Anforderungen:

- „Einige Jahre Vertriebserfahrung wären ideale Voraussetzungen, aber Engagement und das Interesse, sich dieser neuen Aufgabe zu stellen, sind entscheidend."
- „Branchenkenntnisse wären von Vorteil."
- „Nach erfolgter Einarbeitung sind Sie in der Lage, ... durchzuführen."
- „Sie verfügen idealerweise über ..."
- „Für diese Aufgabenstellung haben Sie vorzugsweise bereits mehrjährige Einkaufs- und Führungsverantwortung."
- „Wenn Sie über ... verfügen, haben Sie die besten Voraussetzungen."
- „Erfahrungen mit ... sind erwünscht."

Beschreiben statt bewerten

Vorsicht mit Bewertungen! Beschreiben Sie Ihre Qualifikationen und bisherigen Tätigkeiten, ohne in Kritik oder Eigenlob zu verfallen. Dies ist der Königsweg, durch den Sie eigene Erfolge belegen können, ohne als überheblicher, zur Selbstkritik unfähiger Arroganzler abgestempelt zu werden.

„Sie irren sich!"

Die Überzeugungsregel für gelungene Verkaufsprospekte „Beschreiben, ohne zu bewerten", legen wir Ihnen für Ihr Anschreiben noch einmal besonders ans Herz. Beschreiben, beschreiben, beschreiben! Die Bewertung stellt sich automatisch beim Leser ein. Bewerten Sie sich selbst, fordern Sie damit den Personalverantwortlichen nur heraus, Ihnen zu zeigen, daß Sie sich irren. Beispiel: „Ich bin der geeignete Kandidat für Ihre Firma." Anschreiben, die mit diesem Eingangssatz beginnen, fordern geradezu auf, bei jedem Satz des Schreibers Fehler und Einwände, die gegen eine Einstellung sprechen, zu suchen.

Weitere (Negativ-) Beispiele für Selbstbewertungen:

- „Ich verfüge über die idealen Voraussetzungen für die ausgeschriebene Position."
- „Die Stelle ist genau richtig für mich."
- „Es gibt keinen besseren Bewerber."

Verkaufsprospekt und Anschreiben

Sie erkennen jetzt, warum Ihr Verkaufsprospekt das Herzstück unserer Arbeit ist. Alles, was wir Ihnen oben im Kapitel „Überzeugen in drei Minuten: Ihr Verkaufsprospekt", Seite 30ff., zur wirkungsvollen Kommunikation vorgestellt haben, gilt für Ihr Anschreiben genauso wie für Ihr Vorstellungsgespräch. Die Argumente Ihres Verkaufsprospektes, die Sie unter Berücksichtigung unserer Überzeugungsregeln dargestellt haben, sprechen bereits für Sie. Eine zusätzliche Eigenbewertung oder

Abwertung anderer Bewerber ist überflüssig und schadet. Zu positive Eigenbewertung wird als Überheblichkeit gedeutet. Motto: Sie können aufhören zu suchen, ich bin der ideale Kandidat und gebe Gott Ratschläge bei der täglichen Arbeit. Negative und zu knappe Selbstdarstellung wird als mangelndes Selbstbewußtsein ausgelegt.

Eintrittstermin

Wenn Firmen Sie auffordern, mitzuteilen, ab wann Sie zur Verfügung stehen könnten, müssen Sie in Ihrem Anschreiben Ihren frühestmöglichen Eintrittstermin nennen. Auch wenn Ihre Kündigungsfristen den gesetzlichen Bestimmungen entsprechen, sollten Sie darauf verweisen, zum Beispiel mit folgender Formulierung: „Ich bin zur Zeit in ungekündigter Stellung tätig. Meine Kündigungsfristen bemessen sich nach den üblichen gesetzlichen/tarifvertraglichen Vorschriften."

Abschlußformel

Verwenden Sie am Ende Ihres Anschreibens keine Demutsformulierungen, wie „Sie können mich Tag und Nacht anrufen". Unterwürfigkeit macht uninteressant. Benutzen Sie für den Abschluß Ihres Anschreibens die Formeln: „Für ein weiterführendes Gespräch stehe ich Ihnen gerne zur Verfügung." oder „Über die Einladung zu einem persönlichen Gespräch würde ich mich freuen."

Checkliste *Inhaltliche Gestaltung des Anschreibens*

- Ihr Anschreiben entspricht Ihrem Verkaufsprospekt in Schriftform (siehe Kapitel „Überzeugen in drei Minuten: Ihr Verkaufsprospekt", Seite 30ff.).
- Grundformel für Ihr Anschreiben: Sie suchen einen Mitarbeiter für die Tätigkeit als XYZ, ich biete folgende für die Ausübung der Tätigkeit wichtigen fachlichen Kenntnisse und persönlichen Fähigkeiten (beim Leser ergibt sich dann: Firma und Bewerber passen zusammen).
- Sie suchen, ich biete...
  ...bei Bewerbungen auf Anzeigen: Die in der Stellenanzeige genannten Anforderungen nennen und belegen. Dann um ein bis zwei weitere Anforderungen ergänzen, die für die Position wichtig sind, und die Sie mitbringen.
  ...bei Initiativbewerbungen: Anforderungen aus Stellenanzeigen anderer Firmen, aus dem Internet, aus Tätigkeitsbeschreibungen in Firmenbroschüren etc. aufgreifen.
- „Muß"- und „Kann"-Anforderungen in der Stellenanzeige analysieren und entsprechend darauf eingehen.
- Für das Anschreiben (und das Vorstellungsgespräch) gilt prinzipiell: beschreiben und nicht bewerten.
- Aktive, zupackende Formulierungen verwenden; keine passiven Formulierungen benutzen (beispielsweise „habe zusätzlich ... gemacht", „habe ... organisiert", „verfüge über Projekterfahrung als ...")
- Wenn gefordert, möglichen Eintrittstermin nennen.
- Klarer Schlußappell. (Um die Einladung zum Bewerbungsgespräch bitten.)
- Musteranschreiben und Musterlebensläufe, die unseren Anforderungen entsprechen, finden Sie auf den Seiten 113ff.

Witzige und kreative Anschreiben?

Das Anschreiben an Beiersdorf in einer leeren Nivea-dose? Die Bewerbung auf die Stelle als Datenverarbeitungskaufmann auf einer Diskette? Oder die Bewerbung per Videocassette?

Bewerbung per Video?

Wir können nur davon abraten. Zum einen zeigen Sie, daß Sie betriebliche Abläufe - hier in der Personalauswahl - nicht durchschauen. Zum zweiten wird deutlich, daß Sie den firmeninternen Informationsfluß eher stören als fördern. Auf welchen Schreibtischen von Personalreferenten oder von vorgeschalteten Personalassistenten steht denn ein Videorecorder und ein Fernseher? Haben Sie bedacht, daß die Firma Ihre Bewerbung für Sie ausdrucken muß, wenn diese auf Diskette vorliegt (von der Gefährdung der Firmen-EDV durch Viren einmal ganz abgesehen)?

Falsch verstandene Kreativität

Ihr Anschreiben ist ein Selbstgutachten über Ihre berufliche Eignung. Auch in Ihrer neuen beruflichen Position werden Sie Aufgaben, Geräte und Mitarbeiter hinsichtlich ihrer Eignung analysieren und bewerten müssen und die Ergebnisse in Entscheidungsvorlagen präsentieren. Zeigen Sie schon jetzt, in Ihrem Anschreiben, daß Sie dazu in der Lage sind.

In Kreativbranchen, wie Werbung, Film, Musik, Theater, dürfen Sie die übliche Form verlassen. Dort gilt die Kreativität Ihrer Bewerbung als erste Arbeitsprobe.

Ansonsten sollte Ihre Kreativität in der gezielten Abstimmung auf die Firma und die Anforderungen des ausgeschriebenen Tätigkeitesfeldes liegen. Die Fähigkeit, Einstellungshürden durch kompetente Vorberei-

Sinnvolle Kreativität

tung und detaillierte Auseinandersetzung mit den Anforderungen aus Firmensicht zu überspringen, ist ein besserer Beweis für Kreativität, als der Einsatz von Gags.

Lebenslauf

In Führung mit dem Lebenslauf

Hat Ihr Anschreiben inhaltlich überzeugt, wird man sich intensiv mit Ihrem Lebenslauf beschäftigen. Ihr Lebenslauf sollte deshalb einen nachhaltigen Eindruck hinterlassen, sonst haben Sie die Chance auf eine Einladung zum Vorstellungsgespräch schnell wieder leichtfertig vertan.

Sollten Sie aufgefordert werden, Ihren Bewerbungsunterlagen einen handschriftlichen Lebenslauf beizufügen, finden Sie Informationen zum Umgang mit dieser Aufforderung in unserem Kapitel „Handschriftenprobe", Seite 111ff..

Von der Masse abheben

Ein Blick auf unsere fünf Beispiellebensläufe im Kapitel „Musteranschreiben und Musterlebensläufe", Seite 113ff., gibt Ihnen einen Eindruck davon, wie man sich mit einem gut gegliederten und informativ gestalteten Lebenslauf von der Masse der Bewerber positiv abhebt. Die fünf Beispiellebensläufe haben wir anhand unseres Musterlebenslaufes, der auf der nächsten Seite abgebildet ist, für Sie ausgearbeitet.

Beispiel: Der Musterlebenslauf

Vorname Name   Portrait-Farbfoto
Straße   des Bewerbers
PLZ/Ort
Telefon

Lebenslauf

Persönliche Daten

Geb. am 00.00.00 in, Familienstand

Berufstätigkeit

00/00 - heute	(derzeitige Position) Firma, Ort, Abteilung, Position, Aufgaben
00/00 - 00/00	(vorherige Position) Firma, Ort, Abteilung, Position, Aufgaben
00/00 - 00/00	(Einstiegsposition) Firma, Ort, Abteilung, Position, Aufgaben

Studium/Ausbildung

00/00 - 00/00	Studium, Schwerpunkt
00.00.00	Titel
00/00 - 00/00	Firma, Ort, Ausbildung zum
00.00.00	Berufsbezeichnung

Schule, Wehr(Zivil-)dienst

00/00 - 00/00	Institution, Ort, Zivildienst/Wehrdienst
00.00.00	Schulabschluß, Schule

Weiterbildung/Sonstiges (Ehrenämter, Mitgliedschaften)

00/00 - 00/00	Institution, Kurs
seit 00/00	Institution/Verein, Ehrenamt/Mitgliedschaft

Zusatzqualifikationen

Sprachen:	z.B. Englisch (Bewertung)
EDV-Kenntnisse:	Betriebssysteme (Bewertung) Anwendungen (Bewertung) Spezialsoftware (Bewertung)

Ort, Datum   Unterschrift (ausgeschriebener Vor- und Zuname)

Blockbildung

Links oben auf dem Lebenslauf stehen Name, Adresse und Telefonnummer, rechts daneben wird das Bewerbungsfoto befestigt. Dann folgen die sechs Blöcke

1. Persönliche Daten
2. Berufstätigkeit
3. Studium/Ausbildung
4. Schule, Wehr(Zivil-)dienst
5. Weiterbildung/Sonstiges (Ehrenämter/Mitgliedschaften)
6. Zusatzqualifikationen

Block 1: Persönliche Daten
Im ersten Block „Persönliche Daten" nennen Sie Ihren Geburtstag und -ort und Ihren Familienstand.

Block 2: Berufstätigkeit

Vorwärts rückwärts

Sie überzeugen mit Ihrem Lebenslauf dann, wenn Sie Ihrem zukünftigen Arbeitgeber klar machen, daß Sie in Ihrer jetzigen Position genau die Tätigkeiten ausgeübt haben, die für die zu vergebende Position wichtig sind. Deshalb sollten Sie den Block „Berufstätigkeit" in Ihrem Lebenslauf besonders gründlich ausarbeiten. Bei Berufswechslern bevorzugen wir deshalb die rückwärtschronologische Darstellung: Sie beginnen mit Ihrer derzeitigen Position, dann stellen Sie dar, was Sie in der davorliegenden Position gemacht haben. Hierzu ein Beispiel, das Ihnen zeigt, wie Sie mit Ihrem Lebenslauf bei Personalverantwortlichen Punkte sammeln.

Beispiel „*Bewerbung als Abteilungsleiter Einkauf*"

Ein Bewerber, der sich von der Position des stellvertretenden Abteilungsleiters Einkauf um die Stelle eines Abteilungsleiter Einkauf bewirbt, formuliert zu knapp und zu wenig aussagekräftig, wenn er nur die Firma und seine Position angibt:

03/95 - heute Fa. Import AG, Stellvertretender Abteilungsleiter Einkauf

01/90- 02/95 Hans-Jörg Müller GmbH, Kaufmännischer Angestellter

Überzeugender klingt diese Beschreibung:

3/95 - heute Fa. Import AG, Bremen, Abteilung Einkauf, Stellvertretender Abteilungsleiter
* Leitung des Einkaufs für die Teilsortimente Textil und Hartwaren, Sortimentsanalyse und -planung für Niederlande, Österreich und Deutschland.
* Projektgruppe Zentralisierung des europäischen Beschaffungsmanagementes
* Verantwortlich für die Führung von 12 Mitarbeitern

01/90- 02/95 Hans-Jörg Müller GmbH, Bielefeld, Abteilung Einkauf und Vertrieb, Kaufmännischer Angestellter
* Warenwirtschaft, Planung und Beschaffung, Kostenkontrolle Einkauf
* Betreuung von Einkaufszentralen und Großhändlern

Stellen Sie Ihre derzeitigen und früheren Tätigkeiten im Block „Berufstätigkeit" so dar, daß Ihre berufliche Entwicklung an Ihren bisherigen Arbeitsplätzen deutlich wird. Nehmen Sie die Stellenanzeige der zu vergebenden Position zur Hand und überlegen Sie, welche Anforderungen Sie in welcher Tätigkeit bereits erfüllt haben. Formulieren Sie stichwortartig und greifen Sie da-

87

bei auf den Sprachgebrauch zurück, der in den Stellenanzeigen verwandt wird.

Block 3: Studium/Ausbildung

Die Zeit vor dem Beruf

Wie ausführlich Sie Ihr Studium bzw. Ihre Berufsausbildung im Lebenslauf darstellen, hängt davon ab, wie lange diese Zeit zurückliegt.

Bewerber, die über mehr als drei Jahre Berufserfahrung verfügen, sollten den Block „Studium/Ausbildung" knapp gestalten.

Beispiel *„Bewerber mit mehr als drei Jahren Berufserfahrung"*

09/78 - 10/83 Universität Münster, Studium der Betriebswirtschaftslehre
15.10.83 Diplom-Kaufmann, Gesamtnote „gut"

Bewerber mit weniger als drei Jahren Berufserfahrung können Ihr Studium bzw. Ihre Berufsausbildung etwas ausführlicher schildern, um die von Firmen gefragte Berufserfahrung auch für die Ausbildungszeit zu dokumentieren. Dies gelingt beispielsweise folgendermaßen:

Beispiel *„Bewerber mit Hochschulabschluß und weniger als drei Jahren Berufserfahrung"*

09/90 - 10/95 Universität Münster, Studium der Betriebswirtschaftslehre, Schwerpunkte: Distribution, Handel und Marketing
15.10.95 Diplom-Kaufmann, Gesamtnote „gut"

Beispiel *„Bewerber mit Berufsausbildung und weniger als drei Jahren Berufserfahrung"*

08/92 - 07/95 ABC-Bank AG, Hamburg, Ausbildung zum Bankkaufmann, Mitarbeit in den

88

	Abteilungen Privatkredite und Wertpapiere
15.07.95	Abschlußprüfung Bankkaufmann, Gesamtnote „gut"

Durch diese Darstellungsweise wird Ihre Studien-/Ausbildungszeit aussagekräftiger und damit das Firmeninteresse an Ihnen als Bewerber größer wird.

Block 4: Schule, Wehr(Zivil-)dienst
Den vierten Block im Lebenslauf können Sie knapp gestalten. Wenn Sie Wehr-, Zivildienst oder ein soziales Jahr abgeleistet haben, geben Sie die Zeitspanne in Monats- und Jahreszahlen an. Falls Sie in dieser Zeit besondere Aufgaben wahrgenommen haben, nennen Sie den Bereich in dem Sie tätig waren. Die Angabe

08/87 - 08/88 Grundwehrdienst

ist zu knapp. Aussagekräftiger ist die Formulierung

08/87 - 08/88 Grundwehrdienst, FLaRakBat 39, Luftwaffe, zuständig für die Notstromversorgung der Radaranlagen

Von den Schulabschlüssen, die Sie vor vielen Jahren erworben haben, interessiert bei qualifizierten Berufswechslern nur der letzte. Diesen Schulabschluß stellen Sie dar, indem Sie das Tagesdatum, das auf dem letzten Zeugnis steht, angeben. Danach nennen Sie die Art Ihres Schulabschlusses und den Namen Ihrer Schule.

Block 5: Weiterbildung/Sonstiges (Ehrenämter, Mitgliedschaften)
Im fünften Block geben Sie zuerst die von Ihnen absolvierten Weiterbildungsmaßnahmen an. Hierzu gehören beispielsweise Ausbildereignungsprüfung, Refa-Scheine

und Weiterbildungen zum Umwelt-Auditor, Qualitäts-
manager oder Systemadministrator. Die Kurse werden
mit dem Träger, d.h. der für die Durchführung verant-
wortlichen Organisation, genannt. Der genaue Name des
Kurses und die Inhalte werden ebenfalls erwähnt (steht
auf der Urkunde).

Weiterbildung im Dutzend

Personalverantwortliche stöhnen gelegentlich über die
ausgeprägte Weiterbildungswut von Bewerbern, wenn
Seminare und Kurse „im Dutzend" angegeben werden,
wenn also beispielsweise lückenlos jede besuchte Maß-
nahme, vom VHS-Rhetorikseminar bis zum Bachblü-
tenkurs, aufgeführt wird. Haben Sie an sehr viel Weiterbildungsmaßnahmen teilgenommen, gilt die Regel, daß
Sie nur die Maßnahmen nennen, die für die ausgeschriebene Position von Belang sind.

Die Mitarbeit in berufsständischen Vereinigungen wie
VDI, VDE, VWI, VDPI oder ehrenamtlichen Organisationen sollten Sie im Lebenslauf nennen. Engagement
über die üblichen Anforderungen des Berufs hinaus wird
gerne gesehen. Auch hier gelten besondere Regeln:
Nennen Sie zuerst die Institution/den Verein, dann die
Position, die Sie bekleiden und eventuell von Ihnen mi-
torganisierte Veranstaltungen oder Projekte.

Keine Stellung für Missionare!

Vorsichtig sollten Sie mit der Darstellung von Tätigkeiten für Parteien oder Interessenverbände, wie Ver-
kehrsclub Deutschland/VCD oder Greenpeace sein. Sie
könnten dann unter Umständen als Öko-Missionar ein-
gestuft werden. Gegen Ihre Freizeitaktivitäten hat man
in der Regel nichts, es sei denn, Sie geben Anlaß zu der
Vermutung, daß Sie Ihre politischen Überzeugungen
wie auf einem Silbertablett in die Firma hineintragen und
während jeder Frühstücks- und Mittagspause in der

Kantine durch Grundsatzdiskussionen Unruhe verbreiten. Halten Sie sich bei emotional belastetem Engagement eher bedeckt. Die meisten Menschen meinen, daß sie selbst mehr tun müßten und reagieren deshalb besonders gereizt, wenn andere mehr Engagement zeigen. Auch Gewerkschafts- und Parteizugehörigkeit, Umwelt-, Frauen- oder Männergruppenarbeit läßt bei Personalverantwortlichen die Alarmglocken läuten, es sei denn, Sie bewerben sich gerade bei einer Organisation, die in diesen Bereichen tätig ist.

Block 6: Zusatzqualifikationen
In diesem Block erwähnen Sie Ihre Sprach- und EDV-Kenntnisse. Wichtig dabei ist, daß Sie nicht zu allgemein formulieren. Die bloße Angabe „Englisch" oder „EDV-Kenntnisse" ist wenig informativ.

Für Sprachen gilt, daß Sie zuerst die Sprache nennen und Ihre Kenntnisse dann bewerten. Benutzen Sie dabei folgende Abstufungen:

Wie gut bin ich?

- Grundkenntnisse
- gut
- sehr gut
- verhandlungsicher

Ihre EDV-Kenntnisse benennen Sie ebenfalls präzise. Führen Sie die Computerprogramme, die Sie täglich benutzen oder kennen, genau auf und bewerten Sie diese Kenntnisse ebenso wie die Sprachkenntnisse (Grundkenntnisse, gut, sehr gut), nur daß Sie für den besten Kenntnisstand statt „verhandlungsicher" die Bewertung „ständig in Anwendung" verwenden.

Stellen Sie Ihre EDV-Kenntnisse beispielsweise so dar:

EDV-Kenntnisse: Textverarbeitung WinWord, Tabellen-kalkulation Excel, Datenbank Access (alle ständig in Anwendung), Windows NT 4.0 (gut)

Personalexperten rechnen

Gestalten Sie Ihren Lebenslauf immer so, daß links auf dem Blatt eine Zeitachse zu sehen ist. Die Vorprüfung von Lebensläufen in Personalabteilungen ist eine Rechentätigkeit, Fehlzeiten sollen aufgespürt und Lücken entdeckt werden. Lücken sind Zeiträume über zwei Monate, für die Sie keine Tätigkeiten angeben. Vermeiden Sie Lücken, indem Sie diese ausfüllen.

Kein Leerlauf

Wenn Sie beispielsweise zwischen zwei Berufstätigkeiten einen mehrmonatigen Leerlauf haben, sollten Sie darstellen, was Sie in dieser Zeit gemacht haben. Bewerber, die größere Zeiträume zur eigenen Verfügung haben und von sich aus tätig werden, um sich sinnvoll zu beschäftigen, sind gefragt. Manche Firmen scheinen die Arbeitslosigkeit als Quasi-Eignungstest zu verstehen. Ihre berufliche Eignung wird überprüft, indem kontrolliert wird, ob Sie innerhalb von sechs Monaten Arbeitslosigkeit zum Taxifahrer geworden sind oder ob Sie Computer-, Sprach- und Fachkurse belegt haben, um die Chancen für einen Neueinstieg in Ihrem Berufsfeld zu erhöhen.

Beispiel „*Arbeitslosigkeit*":

Der Arbeitgeber eines von uns betreuten Diplom-Kaufmannes mit dem Arbeitsschwerpunkt Marketing war in Konkurs gegangen. Die unfreiwillige Wartezeit zwischen der alten und der neuen beruflichen Tätigkeit hatte unser Kunde mit dem Ausbau seiner Computerkenntnisse und freiberuflichen Tätigkeiten ausgefüllt. Dies stellte er in seinem Lebenslauf aber so dar:

92

04/99 - 08/99 Arbeitslosigkeit

In unserem Beratungsgespräch erfragten wir, was er denn konkret in dieser Zeit getan hätte. Wir stellten fest, daß er freiberuflich für ein Unternehmen, das Messen organisiert, gearbeitet hatte. Er war dort für die Öffentlichkeitsarbeit und für die Gewinnung und Betreuung von Großkunden verantwortlich.

Die neue Formulierung im Lebenslauf hieß daher:

04/99 - 08/99 Freiberufliche Mitarbeit bei Fa. Messe GmbH, Tätigkeiten: Konzeption und Durchführung von PR-Maßnahmen, Großkundenaquisition und -betreuung parallel dazu Vertiefungskurse in Excel 7.0 und Access 7.0

Zum Stichwort „Hobbys" im Lebenslauf: Wir haben Ihnen für die Bereiche Verkaufsprospekt, Anschreiben und Lebenslauf nähergebracht, wie Sie Ihre fachlichen Kenntnisse und persönlichen Fähigkeiten konkret, überzeugend und auf Ihr Berufsfeld ausgerichtet, darstellen sollten. Weitere Beispiele für Ihre persönlichen Fähigkeiten finden Sie in den Kapiteln „Vorstellungsgespräche", Seite 129ff., und „Stärken und Schwächen", Seite 137ff.. Sie können nun auf die epische Beschreibung von Hobbys als Beleg für Ihre persönlichen Fähigkeiten verzichten. Dies kann schnell zum Bumerang werden. Alle Leistungssportarten, die Sie in Ihrem Lebenslauf nennen, lassen Personalverantwortliche an Rückenschäden, kaputte Gelenke und dauernden Freizeitstreß durch häufiges Training, Wochenendwettkämpfe und Siegesfeiern denken. Wer Jugendgruppen trainiert, zeigt damit zwar seine Schulungs- und Vermittlungsfähigkeiten, läßt aber

Der Hobby-Bumerang

auch Rückschlüsse auf überdurchschnittliches Engagement in der Freizeit zu, wobei vermutet wird, daß dies zu Lasten des beruflichen Engagements geht.

Segeln in Frankfurt/Oder?

Vorsicht mit Hobbys, die Sie nur in bestimmten Landstrichen ausüben können. Gerade unsere Kieler Kunden müssen bedenken, daß die Angabe „Segeln" in den Augen der Personalchefs südlich der Elbe bedeutet: „geht nach drei Jahren Berufstätigkeit in unserer Firma wieder zurück an die Küste." Extremhobbys wie Drachenfliegen, Handball, Boxen oder ähnliches, nennen Sie wegen der Verletzungsgefahr ebenfalls nicht.

Zur Unterschrift, bitte!

Für das Ende Ihres Lebenslaufes gilt wieder eine klassische Regel des Bewerbungsverfahrens: Unterschreiben Sie mit Vor- und Zunamen hinter der Ortsangabe und dem Tagesdatum. Sie bewerben sich damit in den Augen klassisch ausgebildeter Personalexperten bewußter und zielgerichteter auf die ausgeschriebene Position, weil Sie Ihren Lebenslauf durch die Datumsangabe im Falle einer Absage nicht mehr für ein andere Firma verwerten können. Das Computerzeitalter ist an manchen Personalverantwortlichen eben spurlos vorbeigezogen. Erstellen Sie auf Knopfdruck an Ihrem Computer so viele Lebensläufe, wie Sie wünschen, und unterschreiben Sie diese mit Ort und Datum. Verwenden Sie niemals kopierte Lebensläufe, Sie gelten dann als Vielbewerber. Hier die Checkliste für Ihren Lebenslauf.

Checkliste *Lebenslauf*

- Nach Ihrem Anschreiben ist Ihr Lebenslauf das wichtigste Stück der schriftlichen Bewerbungsunterlagen.
- Bilden Sie für Ihre Daten im Lebenslauf sechs Blöcke:
  Block 1 ➪ Persönliche Daten
  Block 2 ➪ Berufstätigkeit
  Block 3 ➪ Studium/Ausbildung
  Block 4 ➪ Schule, Wehr(Zivil-)dienst
  Block 5 ➪ Weiterbildung/Sonstiges
  Block 6 ➪ Zusatzqualifikationen
  Diese Darstellung hat den Vorteil, daß bereits der erste Blick auf Ihren Lebenslauf deutlich macht, daß Sie über (berufs-)praktische Fähigkeiten und theoretisches Wissen verfügen.
- Gestalten Sie Ihren Lebenslauf positionsbezogen. Stellen Sie die Tätigkeiten, die zu der ausgeschriebenen Position passen, breiter dar (gilt besonders für die Blöcke „Berufstätigkeit", „Weiterbildung", „Zusatzqualifikationen").
- Führen Sie nur die Weiterbildungsmaßnahmen auf, die für die ausgeschriebene Position von Bedeutung sind.
- Sprach- und EDV-Kenntnisse werden dargestellt, indem Sie die entsprechenden Sprachen bzw. Programme nennen und Ihre Kenntnisse bewerten.
- Lebensläufe sind für Personalabteilungen Rechenaufgaben: Ihr Lebenslauf muß zeitlich übersichtlich sein. In alle Blöcke gehört zu jeder Station die Zeitangabe in Monat und Jahr mit dazu.
- Vermeiden Sie Lücken im Lebenslauf! Beschreiben Sie, was Sie in vermeintlichen Leerlaufphasen, beispielsweise in der Übergangszeit zwischen zwei beruflichen Stationen, gemacht haben. Zeigen Sie sich aktiv!
- Aufgepaßt bei Hobbys mit Bumerang-Effekt: Keine Leistungssportarten, keine vermeintlich gesundheitsgefährdenden Hobbys, wie Free-Climbing oder Boxen.
- Unterschreiben Sie Ihren Lebenslauf mit Ort, Tagesdatum und Vor- und Zunamen.

Das Bewerbungsfoto

Sympathiepunkte sammeln

Ihr Bewerbungsfoto ist ein wesentlicher Bestandteil Ihrer Bewerbungsunterlagen, weil durch Ihr Foto Sympathie aber auch Abneigung ausgelöst werden kann. Der Grund dafür ist, daß das menschliche Gehirn so aufgebaut ist, daß wir rationalen und emotionalen Eindrükken gegenüber gleich offen sind. Unser Gehirn ist ständig auf der Suche nach Informationsnahrung für den Vernunft- und für den Gefühlsbereich. Da aber die Vernunft im (Berufs-)Alltag in Form von sachlichen Argumenten, logischen Einwänden und unwiderlegbaren Zahlen einen großen Stellenwert besitzt, ist unser emotionaler Speicher meistens unterfordert. Er stürzt sich geradezu auf Gelegenheiten, die emotionales Futter versprechen. Bei der Überprüfung von Bewerbungsunterlagen sind dies die visuellen Eindrücke der Bewerbungsfotos, die mit Sympathie-/Antipathie-Effekten gekoppelt sind.

Das erste Bild von Ihnen

Die Macht des ersten Eindrucks ist auch der Grund für die vielen Legenden, die sich um das Bewerbungsfoto ranken. Auch wir kennen Personalverantwortliche, die sich zu allererst die Bilder anschauen, noch bevor sie einen Satz im Anschreiben oder Lebenslauf lesen. Andere Firmen gehen so vor, daß sie von einer untergeordneten Kraft zuerst die Bewerbungsfotos aus den zugesandten Unterlagen entfernen lassen. Erst dann werden die Bewerbungsunterlagen formal und inhaltlich geprüft. Die Fotos werden erst in der zweiten Prüfungsrunde angeschaut. So sollen zu starke gefühlsbetonte Entscheidungen vermieden werden.

Bilder können bei vergleichbaren Qualifikationen den Ausschlag darüber geben können, wer zum Vorstellungsgespräch eingeladen wird. Es gibt sogar Personalverantwortliche, die Sympathie als Prüfungsdimension in die Bewerberauswahl aufgenommen haben und vor der Prüfung der Bewerbungsunterlagen, Lebenslauf und Foto des Bewerbers in den zuständigen Fachabteilungen mit der Frage herumgeben: „Könnten Sie sich vorstellen, mit ihr/ihm zusammenzuarbeiten?"

Jeder weiß natürlich um den Unterschied zwischen tatsächlichem Erscheinen und verschönter Darstellung auf Fotos. Sie sollten im Bewerbungsgespräch so aussehen wie auf dem Foto. Haarfarbe, Frisur, Kleidung, Brille oder Bart sollten dem Bewerbungsfoto entsprechen. Verwenden Sie immer ein aktuelles Foto!

Foto und Wirklichkeit

In unserer Checkliste „Foto" finden Sie die wesentlichen Regeln, die Sie bei der Anfertigung Ihrer Bewerbungsfotos durch einen guten Fotografen beachten sollten. Überlegen Sie selbst: Was soll Ihr Bewerbungsfoto leisten? Es soll einen realistischen Eindruck Ihrer Person vermitteln. Die Darstellung Ihres beruflichen Werdeganges, dokumentiert durch Anschreiben, Lebenslauf und Zeugnisse, soll durch das Bewerbungsfoto abgerundet werden. Sie zeigen mit dem Foto, wie Sie Ihre zukünftige Position sehen und wie Sie die Firma nach außen darstellen wollen. Besonders gefragt ist Ihr Erscheinungsbild bei Berufen mit Führungsverantwortung, Kundenverkehr und Publikumskontakt.

Zur Kleidung: Im Idealfall sind Sie auf Ihren Bewerbungsfotos mit der gleichen Kleidung zu sehen, die Sie im Vorstellungsgespräch tragen. Ihre Kleidung sollte auf die Position, auf die Sie sich bewerben, abgestimmt sein.

Die richtige Kleidung

Wählen Sie im Zweifelsfall Ihre Kleidung lieber konservativ aus, d.h. Männer wählen einen Anzug in gedekkten Farben mit farblich dazu passendem Hemd und einer unauffälligen Krawatte. Für Frauen ist ein Kostüm oder Hosenanzug mit passender Bluse die richtige Wahl. Schmuck und Make-up sollten dezent sein.

Bewerberportrait

Ein Bewerbungsfoto ist ein Portraitfoto, d.h. ein Teil Ihres Oberkörpers wird mit abgebildet (Scheitel bis Schulter). Beispiele für Bewerbungsfotos, die Sie auch als Vorlage zum Fotografen mitnehmen können, finden Sie in den Imagebroschüren und den Produkt- und Dienstleistungskatalogen der Firmen. In diesen Werbematerialien finden Sie neben den Informationen über die Firmen und ihre Angebote auch Fotos von Innen- und Außendienstmitarbeitern. Weitere Anregungen für Bewerbungsfotos erhalten Sie in Wirtschaftsmagazinen wie Capital, Wirtschaftswoche, Manager Magazin u.ä..

In Ihrer Bewerbungsphase sollten Sie immer genug Bewerbungsfotos zu Hause haben. Es kann passieren, daß Sie nach einem positiv verlaufenen Telefongespräch von dem zukünftigen Arbeitgeber aufgefordert werden, umgehend Ihre schriftlichen Unterlagen zuzusenden. Wenn Sie dann warten müssen, bis Ihre Bewerbungsfotos fertig sind, ist Ihr Startvorteil gegenüber anderen Bewerbern verloren.

Chancen wahren

Damit keine Mißverständnisse aufkommen: Sie werden nicht eingestellt, nur weil Sie auf dem Foto so überzeugend lächeln. Wichtig ist jedoch, daß Sie mit dem Bewerbungsfoto keine Fehler begehen. Dann werden Sie nämlich aussortiert, bevor Sie eine Chance zur Darstellung Ihrer Fähigkeiten im Gespräch haben.

Checkliste *Foto*

- Keine Automatenfotos verwenden! Kontaktbogen mit mindestens 10 Aufnahmen bei einem guten Fotografen erstellen lassen und das beste Foto von Partner/Freund/Bekannten heraussuchen lassen.
- Bewerbungsfotos sind Portraitaufnahmen und keine Paßfotos, d.h. man kann nicht nur Ihren Kopf, sondern auch Ihre Schultern sehen.
- Gute Fotografen stimmen bei Kontaktbögen die Farbe des Hintergrundes auf Ihre Haarfarbe und die Farbe Ihrer Kleidung ab. Wählen Sie eher einen hellen Hintergrund. Sie können auch verschiedene Kleidungsstücke mitbringen und diese zwischen den Aufnahmen wechseln.
- Bewerberfotos sollen einen realistischen Eindruck des Kandidaten vermitteln. Das leisten nur Farbfotos.
- In der Bewerbungsphase sollten Sie immer einen Vorrat an aktuellen Bewerbungsfotos zur Hand haben, um nach positiven Telefongesprächen schnell reagieren zu können.
- Beschriften Sie Ihr Foto auf der Rückseite mit Ihrem Namen und Ihrer vollständigen Adresse. Die Beschriftung darf nicht durch das Foto durchschlagen.
- Das Foto nicht mit der Büroklammer oder dem Hefter befestigen. Nehmen Sie wiederablösbare Haftpunkte, Montagekleber oder Fotoecken. Kleben Sie Ihr Foto rechts oben auf den Lebenslauf.
- Bewerben Sie sich auf eine Position mit Führungsverantwortung, Beratungsaufgaben oder Kundenkontakt, sollten Sie darauf achten, daß Ihr Foto zeigt, daß Sie sich mit den Anforderungen an Ihre neue berufliche Position beschäftigt haben. Wählen Sie eine der neuen Position entsprechende Kleidung.
- Ein freundlicher Gesichtsausdruck ist erwünscht, d.h. schauen Sie weder verschlossen und griesgrämig noch übertrieben anbiedernd in die Kamera. Gut ist ein nettes Lächeln, ohne dabei die Zähne zu blecken.

99

Arbeitszeugnisse, Ausbildungszeugnisse und sonstige Leistungsnachweise

Zu dem Anschreiben und dem Lebenslauf mit Foto gehören noch die Kopien

- der bisherigen Arbeitszeugnisse,
- der Ausbildungszeugnisse und
- sonstiger Leistungsnachweise

in die Bewerbungsmappe.

Arbeitszeugnisse

Leise, still und heimlich

Damit am derzeitigen Arbeitsplatz keine Unruhe aufkommt, möchten viele Berufswechsler ihren aktuellen Arbeitgeber im schriftlichen Bewerbungsverfahren solange wie möglich ungenannt lassen. Für die neue Firma ist daher klar, daß Sie kein aktuelles Arbeitszeugnis Ihrer momentanen Position beilegen können.

Wenn Sie ein älteres Zwischenzeugnis in Ihre Bewerbungsmappe legen, kann es passieren, daß mögliche neue Arbeitgeber in der alten Firma anrufen und Auskünfte über Sie einholen. Dieses würde ebenso dazu führen, daß Sie aufgrund der entstehenden Abwanderungsgerüchte Einschränkungen in Ihrer täglichen Arbeit hinnehmen müßten. Wenn Sie Bedenken haben, daß die angeschriebene Firma an Ihrem Arbeitsplatz Informationen über Sie einholen könnte, müssen Sie Ihren derzeitigen Arbeitgeber auch im Anschreiben und im Lebenslauf umschreiben, beispielsweise als „mittelständisches Unternehmen" der XYZ-Branche, und den Briefkopf von Zwischenzeugnissen auf den Kopien unkenntlich machen.

Nach diesen strategischen Überlegungen zu Ihrem aktuellen Arbeitszeugnis geht es jetzt weiter mit den inhaltlichen Anforderungen, denen Ihr Arbeitszeugnis genügen muß. Man unterscheidet bei Zeugnissen zwischen dem einfachen Zeugnis und dem qualifizierten Zeugnis. Das einfache Zeugnis enthält lediglich Angaben über die Art und Dauer der Beschäftigung. Das qualifizierte Zeugnis enthält ebenfalls Art und Dauer der Beschäftigung aber darüber hinaus detaillierte Tätigkeitsangaben und eine Beurteilung Ihrer Leistung, d.h. Ihr Arbeitgeber drückt seinen Grad der Zufriedenheit mit Ihnen aus.

Zeugnisinhalte

Arbeitgeber können die Leistungen von Mitarbeitern im qualifizierten Zeugnis hinsichtlich der Qualität der Arbeit, des Arbeitstempos, der Fachkenntnisse, der Arbeitsbereitschaft, des Umgangs mit Kunden und der Verhandlungsfähigkeiten bewerten. Um Führungsleistungen genauer zu beschreiben, führen Arbeitgeber aus, wie ausgeprägt die Bereitschaft des Mitarbeiters war, Verantwortung zu übernehmen, wie sein Sozialverhalten war und wie er sich gegenüber Vorgesetzten und Mitarbeitern verhielt.

Leistungs- und Führungbewertung

Einmalige, nicht typische Vorfälle im Leistungs- bzw. Führungsverhalten des Mitarbeiters dürfen im Arbeitszeugnis nicht dargestellt werden. Wenn beispielsweise ein Außendienstmitarbeiter an einer Verkaufsschulung der Firma nicht teilgenommen hat, weil er den Termin verschlafen hat, darf er nicht im Arbeitszeugnis als unpünktlich oder unzuverlässig dargestellt werden.

Bei der Betreuung unserer Kunden hat sich folgende Vorgehensweise bei der Zeugnisanforderung als vorteilhaft erwiesen: Zunächst machen Sie einen schriftlichen Entwurf für Ihr fehlendes Zeugnis. Schreiben Sie sich

Eigener Entwurf

ein qualifiziertes Zeugnis, also ein Zeugnis mit Angaben zu Art und Dauer der Beschäftigung, zu Ihren besonderen fachlichen Kenntnissen und persönlichen Fähigkeiten, gegebenenfalls zu Ihren Führungsfähigkeiten und mit einer Beurteilung Ihrer Arbeitsleistungen.

Anforderungsprofil im Zeugnis

Achten Sie bei der Formulierung Ihrer Zeugnisse sowohl auf eine umfassende Tätigkeitsbeschreibung als auch auf die Anforderungen Ihres künftigen Berufsfeldes. Stellen Sie im Zeugnis die Aufgaben heraus, deren Bewältigung man auch in Zukunft von Ihnen verlangen wird (siehe Kapitel „Was Firmen von Bewerbern erwarten", Seite 11ff.).

Bei der Überlastung der Personalabteilungen sind selbstformulierte Zeugnisse heute eher die Regel als die Ausnahme. Die abschließende Entscheidung über Ihre Einstellung wird sowieso im Vorstellungsgespräch oder Assessment Center getroffen. Dann müssen Sie natürlich den selbstgesetzten Standards entsprechen. Mit guter Vorbereitung ist das allerdings kein Problem.

Jeder weiß es!

Selbstverständlich wissen Personalverantwortliche, daß sich Bewerber oft ihre Zeugnisse selbst schreiben. Entsprechend ist der Stellenwert von Zeugnissen. Eine typische Frage ist daher im Bewerbungsgespräch: „Wenn wir jetzt Ihren ehemaligen Vorgesetzten anrufen und zu diesem Zeugnis befragen, würde er Ihre aufgeführten Leistungen bestätigen?" Keine Panik, es geht nur um Ihre Streßresistenz. Mehr dazu im Kapitel „Vorstellungsgespräche", Seite 129ff..

Auf der nächsten Seite finden Sie eine Checkliste, die Ihnen Anleitungen gibt, wie Sie Ihr Arbeitszeugnis gestalten bzw. überprüfen.

Checkliste *Arbeitszeugnisse*

- **Einfaches Zeugnis.** Das Zeugnis enthält:
- Art und Dauer der Beschäftigung
- **Qualifiziertes Zeugnis.** Das Zeugnis enthält:
- Name und Geburtsdatum des Beurteilten
- Dauer der Beschäftigung (Eintritts- u. Austrittsdatum)
- Ausgeübte Tätigkeiten. Genaue Beschreibung Ihrer Aufgabenbereiche! Zukünftigen Arbeitgebern muß klar werden, welche fachlichen Kenntnisse und persönlichen Fähigkeiten Sie mitbringen. Bei längeren Tätigkeiten muß auch Ihre berufliche Entwicklung dargestellt werden.
- Führungsverhalten. Haben Sie Mitarbeiter angeleitet und geführt, muß hierzu eine Bewertung im Zeugnis enthalten sein. Hatten Sie eine Position mit Führungsverantwortung und es fehlen Bewertungen zu Ihren Führungsfähigkeiten, wird daraus geschlossen, daß Ihre Führungsfähigkeiten eher dürftig waren.
- Beurteilung Ihrer Arbeitsleistungen. Die Beurteilung Ihrer Arbeitsleistungen drückt den Grad der Zufriedenheit Ihres Arbeitgebers aus (Beispiele: S. 105ff.).
- Gründe für die Beendigung des Arbeitsverhältnisses. Die Zeugnisformulierung „Die Trennung erfolgte in gegenseitigem Einverständnis" bedeutet, daß man Ihnen gekündigt hat. Besser ist eine Formulierung, die zum Ausdruck bringt, daß Sie auf eigenen Wunsch die Firma verlassen haben, um eine neue Position anzutreten.
- Gute Wünsche für die weitere berufliche Zukunft. Wenn Arbeitgeber mit Arbeitnehmern besonders zufrieden waren, bringen sie dies schriftlich zum Ausdruck. Der Hinweis auf gute Wünsche für die weitere berufliche Zukunft fehlt dann üblicherweise nicht.
- Alles, was Sie in Ihren Zeugnissen angeben, kann im Bewerbungsverfahren durch Fragen überprüft werden. Seien Sie mit Ihren Zeugnissen so vertraut, daß Sie jede (Streß-)Frage souverän beantworten können.

103

*Rechtsprechung
zu Zeugnissen*

Zeugnisse sind durch die ständige Rechtsprechung der Arbeitsgerichte ein Kompromiß zwischen der Pflicht zur wohlwollenden Förderung des Arbeitnehmers auf der einen und der Wahrheitspflicht des Arbeitgebers auf der anderen Seite geworden. Zeugnisse dürfen das weitere Fortkommen des Beurteilten zwar nicht unnötig erschweren, Personalabteilungen umgehen diese Forderung aber, indem sie besondere Standards bei der Formulierung - Geheimcodes für Zeugnisse - entwickelt haben. Wenn Sie Zeugnisse erhalten, sollten Sie diese immer kritisch prüfen und gegebenenfalls ablehnen.

*Zufriedenheit in
Zeugnissen*

Am wichtigsten bei Zeugnisformulierungen ist der Grad der Zufriedenheit Ihres Arbeitgebers. Er wird in verklausulierten Notenstufen ausgedrückt und sollte der Note „1" oder „2" entsprechen.

Die Formulierung „Er hat sich bemüht, unseren Anforderungen zu entsprechen", drückt unzureichende Leistung aus (Note „6"). Besser ist: „Sie hat die ihr übertragenen Arbeiten stets zu unserer vollen Zufriedenheit erledigt." (gute Leistungen: Note „2") Am besten ist: „Sie hat die ihr übertragenen Aufgaben stets zu unserer vollsten Zufriedenheit erledigt." (sehr gute Leistungen: Note „1") Weitere Beispiele für Bewertungen finden Sie in der Checkliste auf der nächsten Seite.

*Weggelobte
Bewerber*

Vorsicht auch vor „zu guten" Zeugnissen. Berufswechsler, die ihren Bewerbungsunterlagen mehrere ältere Zeugnisse im „zweier" und „dreier" Bereich beilegen, fallen negativ auf, wenn das Zwischenzeugnis des derzeitigen Arbeitgebers voll mit positiven Bewertungen aus dem „einser" Bereich ist. Personalverantwortliche vermuten dann, daß ein mittelmäßig qualifizierter Mitarbeiter weggelobt werden soll.

104

Checkliste *Bewertungen*

- Note 1 (Sehr gute Leistungen)
  Sie hat die ihr übertragenen Arbeiten stets zu unserer vollsten Zufriedenheit erledigt.
  Er hat den Erwartungen und Anforderungen in jeder Hinsicht und allerbester Weise entsprochen.
  Wir waren mit seinen Leistungen stets sehr zufrieden.
- Note 2 (Gute Leistungen)
  Sie hat die ihr übertragenen Arbeiten stets zu unserer vollen Zufriedenheit erledigt.
  Er hat den Erwartungen und Anforderungen in jeder Hinsicht und bester Weise entsprochen.
  Ihre Leistung hat unsere volle Anerkennung gefunden.
  Wir waren mit seinen Leistungen voll und ganz zufrieden.
- Note 3 (Befriedigende Leistungen)
  Sie hat die ihr übertragenen Arbeiten zu unserer vollen Zufriedenheit erledigt.
  Er hat den Erwartungen und Anforderungen in jeder Hinsicht entsprochen.
  Wir waren mit seinen Leistungen voll zufrieden.
- Note 4 (Ausreichende Leistungen)
  Sie hat die ihr übertragenen Arbeiten zu unserer Zufriedenheit erledigt.
  Wir waren mit seinen Leistungen zufrieden.
  Er hat zufriedenstellend gearbeitet.
- Note 5 (Mangelhafte Leistungen)
  Sie hat die ihr übertragenen Arbeiten im großen und ganzen zu unserer Zufriedenheit erledigt.
  Er hat sich bemüht, seine Aufgaben zu erledigen.
  Seine Leistung hat unseren Erwartungen entsprochen.
- Note 6 (Unzureichende Leistungen)
  Sie hat sich bemüht, die ihr übertragenen Arbeiten zu unserer Zufriedenheit zu erledigen.
  Er erledigte die ihm übertragenen Arbeiten mit Fleiß und war stets bestrebt, sie termingerecht zu beenden.

Die Forderung der Arbeitsgerichte nach einer wohlwollenden Bewertung des Arbeitnehmers in Arbeitszeugnissen wird manchmal auch durch besondere äußere Gestaltungsmerkmale und Formulierungen umgangen.

Der unauffällige Strich

Bei der äußeren Gestaltung sollten Sie darauf achten, daß Ihr Zeugnis auf dem üblicherweise verwendeten Geschäftsbogen verfaßt wurde und daß es ein in der betrieblichen Hierarchie über Ihnen stehender Mitarbeiter unterschrieben hat, beispielsweise Ihr Fachvorgesetzter oder der Personalleiter. Der Briefbogen muß frei von Radierungen, Durchstreichungen, Flecken oder Rechtschreibfehlern sein. Derartige Fehler, die genauso oft unabsichtlich wie auch absichtlich eingefügt werden, sind für professionelle Leser zusätzliche Hinweise, auf die Abwertung der beurteilten Person. Die äußere Gestaltung des Zeugnisses wird als der Beleg der Wertschätzung verstanden, der Ihnen von der Firma entgegengebracht wird. So würden beispielsweise mehrere Rechtschreibfehler und Korrekturen dahingehend gedeutet, daß Ihre Arbeitsleistungen genauso unterdurchschnittlich und mangelhaft sind, wie es die äußere Form des Zeugnisses erwarten läßt.

Pünktlichkeit und Geselligkeit

Eindeutiger als äußere Gestaltungsmerkmale sind abwertende Formulierungen zu erkennen. Redewendungen wie „Wegen seiner Pünktlichkeit war er stets ein gutes Vorbild", oder „Durch ihre Geselligkeit trug sie zur Verbesserung des Betriebsklimas bei", bedeuten nichts anderes als „Er war in jeder Hinsicht eine Niete", und „Sie neigt zu übertriebenem Alkoholgenuß".

Damit Sie in Ihren Zeugnissen nicht schlecht dargestellt werden, hier die Geheimcodes in Zeugnissen und ihre wahre Bedeutung.

Checkliste *Geheimcodes*

Formulierungen	*ihre negative Bedeutung*
Für die Belange der Belegschaft bewies er stets Einfühlungsvermögen.	Er suchte sexuelle Kontakte zu Betriebsangehörigen.
Er war sehr tüchtig und wußte sich gut zu verkaufen.	Er ist ein unangenehmer Mitarbeiter.
Wir bestätigen gern, daß er mit Fleiß, Ehrlichkeit und Pünktlichkeit an seine Aufgaben herangegangen ist.	Allerdings ohne fachliche Qualifikation.
Er hat sich im Rahmen seiner Fähigkeiten eingesetzt.	Er hat getan, was er konnte, er konnte allerdings nicht viel.
Sie verfügt über Fachwissen und zeigt ein gesundes Selbstvertrauen.	Sie hat geringes Fachwissen, was sie mit Überheblichkeit („große Klappe") zu überdecken versucht.
Er verstand es, die Aufgaben mit Erfolg zu delegieren und setzte sich für die Förderung der Mitarbeiter ein.	Er hat kaum selbst gearbeitet; Mitarbeiter hat er mit Gehaltserhöhungen von Kritik an sich abgehalten.
Allen Aufgaben hat er sich mit Begeisterung gewidmet.	Allerdings ohne Erfolg.
Er zeigte für die Arbeit Verständnis.	Er war faul und hat nichts geleistet.
Im Kollegenkreis galt er als toleranter Mitarbeiter.	Für Vorgesetzte ist er ein schwerer Brocken
Sie hat alle Arbeiten mit großem Fleiß und Interesse erledigt.	Sie war eifrig, aber nicht besonders tüchtig.
Er hat dabei auch brauchbare Vorschläge gemacht.	Manchmal!

Neben den Bewertungen Ihrer Arbeitsleistungen in Notenstufen und den verklausulierten Abwertungen sind in Arbeitszeugnissen noch weitere Feinheiten der Sprache zu beachten: Passive, in der Reichweite eingeschränkte Aussagen und „Nicht"-Formulierungen, die Darstellung von Belanglosigkeiten und die Aufzählung von unwichtigen Fakten vor wichtigen Fakten lassen bei Personalverantwortlichen die Alarmglocken läuten.

Beispiele für derartige K.O.-Formulierungen finden Sie in der folgenden Checkliste:

Checkliste *Tödliche Formulierungen*

- Es wird häufig passiv formuliert:
  „Er wurde mit ... beauftragt." „...wurde von ihm verlangt". „...wurde ihr übergeben."

- Formulierungen werden in ihrer Reichweite eingeschränkt:
  „In ihrer Abteilung galt sie als kompetent."

- „Nicht"-Formulierungen werden bei der Darstellung der Leistungen verwandt:
  „Ihre Führungsleistungen waren nicht zu bemängeln."
  „An seiner Leistungsbereitschaft gab es nichts zu kritisieren." „Seine Eigeninitiative war nicht zu tadeln."

- Unwichtige Fakten vor wichtigen Fakten:
  „Sie war als Leiterin des Kundenservice für die Bestellung von Büromaterialien, die Organisation der wöchentlichen Arbeitszeiteinteilung und die schriftliche Weitergabe der häufigsten Reklamationsgründe verantwortlich."

- Belanglosigkeiten werden aufgeführt:
  „Er hat die Portokasse verwaltet, Büromaterial beschafft und Betriebsausflüge organisiert."

Ausbildungszeugnisse

Der letzte berufsqualifizierende Abschluß muß den Bewerbungsunterlagen als Urkunde und als Zeugnis bei-
gefügt werden. Wenn Sie studiert haben, legen Sie eine
Kopie der Diplomurkunde und des Diplomzeugnisses
bei. Legen Sie Ihre Ausbildungszeugnisse nicht bei, vermuten Personalverantwortliche automatisch, daß Ihre
Noten in diesen Zeugnisen schlecht sind. In einem Punkt
sind sich alle einig: Noten geben nur unvollständig wieder, was der Bewerber an Kenntnissen und Fähigkeiten
mitbringt; ein so komplexes Wesen wie der Mensch läßt
sich nicht in Zahlen ausdrücken. Es sind sich allerdings
auch alle darüber einig, daß bei gleichen Kenntnissen
und Fähigkeiten die besseren Noten oft den Ausschlag
geben. An Ihren Noten können Sie jetzt nichts mehr
ändern, also weiter mit den Bewerbungsfaktoren, auf
die Sie Einfluß haben.

*Der berufsqualifizie-
rende Abschluß*

Sonstige Leistungsnachweise

Bescheinigungen über Computerkurse, Sprachkurse und
Seminare in Rhetorik, Präsentations- und Arbeitstech-
niken oder Zeitmanagement gehören dann zu Ihren
schriftlichen Bewerbungsunterlagen, wenn diese Kurse
für die ausgeschriebene Position wichtig sind. Sonst
nicht! Verschrecken Sie die Personalverantwortlichen
nicht mit dicken Papierstapeln.

Kurse und Seminare

Mit Kopien von Scheinen über freiwillige Fort- und
Weiterbildungsveranstaltungen können Sie nur dann
einen guten Eindruck hinterlassen, wenn die Veranstaltungen einen Bezug zu Ihrem angestrebten Tätigkeitsfeld haben. In der Regel reicht die stichwortartige Nennung im Lebenslauf.

*VHS und
Führungserfahrung*

Veranstaltungen der Volkshochschule zu den Themenbereichen Führung und Rhetorik sprechen auf der einen Seite für Sie. Auf der anderen Seite lösen Sie allgemeine Heiterkeit in Personalabteilungen aus, wenn Sie mit dem Verweis auf drei VHS-Kurse zu Gruppe, Motivation und Leitung Ihre Führungserfahrung belegen wollen. Personalentwickler in Firmen sind sehr empfindlich, wenn sie auf eine Stufe mit „Low-budget-Weiterbildungen" gestellt werden.

Kopien beglaubigen?

Für alle Fort- und Weiterbildungszeugnisse und sonstige Leistungsnachweise gilt, daß Sie erstklassige Kopien verwenden sollten. Die Kopien sind nicht zu beglaubigen, es sei denn, Sie bewerben sich für den öffentlichen Dienst.

*PC-Wissen selbst
beigebracht*

Eine Frage, die in unseren Beratungsstunden und Bewerbungsseminaren immer wieder auftaucht, ist, wie Computerwissen dokumentiert werden soll, wenn man keinen offiziellen Kurs besucht hat. Viele Berufstätige haben sich Computerkenntnisse selbst beigebracht oder sich PC-Programme von Arbeitskollegen oder Bekannten erklären lassen. Üblicherweise reicht es aus, wenn Sie die Programme, die Sie beherrschen, im Lebenslauf angeben. Aus Sicht der Firmen gilt, daß man Ihnen in der ersten Stufe des Auswahlverfahrens, der Auswertung Ihrer schriftlichen Unterlagen, erst einmal glaubt. In dem sich anschließenden Vorstellungsgespräch müssen Sie natürlich damit rechnen, daß Ihnen jemand, der sich mit Computern auskennt, Fragen stellt, die Sie als normaler Nutzer beantworten können sollten. Gelegentlich wird Ihnen auch im Vorstellungsgespräch ein PC zur Verfügung gestellt, an dem Sie zeigen sollen, wie Sie mit den von Ihnen angegebenen Programmen umgehen können.

Handschriftenprobe

Die Kunst der Schriftdeutung wird von einigen „Auswahl-Experten" benutzt, um aus der Handschrift eines Bewerbers seine Persönlichkeit und damit seine Leistungsbereitschaft, seine Sorgfalt oder seine Anpassungsfähigkeit herauszulesen. Das Fremdwort hierfür heißt Graphologie. Graphologische Gutachten werden als Auswahlinstrument für Angestellte ohne Führungsaufgaben in weniger als 2% und für Führungskräfte der unteren und mittleren Führungsebene in weniger als 5% der zu vergebenden Positionen eingesetzt.

Schriftdeutung

Es kommt allerdings häufiger vor, daß Sie aufgefordert werden, Ihren Lebenslauf handgeschrieben zu verfassen. Die entsprechenden Formulierungen in Stellenanzeigen lauten dann beispielsweise „Bitte senden Sie uns Ihre Bewerbungsunterlagen (Anschreiben, Foto, Zeugnisse) und Ihren handgeschriebenen Lebenslauf zu". Die Forderung nach einem handgeschriebenen Lebenslauf ist als zusätzliche Hürde im Bewerbungsmarathon zu verstehen. Es geht um den höheren Aufwand, den ein Bewerber hat, wenn er für seinen Lebenslauf nicht einfach einen Computerausdruck verwenden kann. (Viel-)Bewerber mit wenig Ausdauer und Konzentration werden durch den Zwang, einen handgeschriebenen Lebenslauf anzufertigen, schnell abgeschreckt.

Eine zusätzliche Hürde

Bei Bewerbungen im öffentlichen Dienst wird der handgeschriebene Lebenslauf noch oft verlangt. Dort ist ein sauberes und klares Schriftbild traditionell eine der Forderungen an Bewerber. Der Grund liegt darin, daß sich im öffentlichen Dienst EDV-Lösungen nur langsam durchgesetzt haben, und bei der Aktenverwaltung war

Handschrift im öffentlichen Dienst

und ist die Anfertigung von schriftlichen Notizen nun einmal ein wesentlicher Bestandteil.

Handgeschrieben und tabellarisch

Zusätzlich zu einem verlangten handgeschriebenen Lebenslauf sollten Sie Ihrer Bewerbungsmappe immer einen mit Computer oder Schreibmaschine verfaßten tabellarischen Lebenslauf beilegen.

9. Musteranschreiben und Musterlebensläufe

„Wer beruflich Bewerbungen liest, ist längst jenseits der Hoffnung, alle Bewerber hätten beim Schreiben nachgedacht (oder besser noch: davor)."

Heiko Mell, Personalberater, MMC Personal- und Unternehmensberatung Kurt Sexauer

Achtung! Musteranschreiben verführen dazu, sich weder mit den eigenen Kenntnissen und Fähigkeiten noch mit den Anforderungen der Firmen auseinanderzusetzen.

Personalverantwortliche beklagen immer wieder, daß Kandidaten die Möglichkeit, sich im Anschreiben positiv von der Masse der Bewerber abzuheben, nicht nutzen. Bewerbungsunterlagen, die sich nur durch die Farbe des Schnellhefters und die persönlichen Daten der Absender unterscheiden, sind leider die Regel. Mit wenig aussagekräftigen Floskeln und oberflächlichen Formulierungen ist die Chance auf eine nähere Prüfung der Bewerbungsunterlagen von den Absendern leichtfertig verspielt worden.

Chancen nutzen

Ihr Verkaufsprospekt (siehe Kapitel „Überzeugen in drei Minuten: Ihr Verkaufsprospekt", Seite 30ff.) ist als Anschreiben verfaßt das Herzstück Ihrer Bewerbung. Nach einer gründlichen Analyse der von den Firmen geforderten fachlichen Kenntnisse und persönlichen Fähigkeiten ist es wichtig für Sie darzustellen, inwieweit Sie die ausgesprochenen und unausgesprochenen Anforderungen Ihres zukünftigen Arbeitgebers erfüllen.

Das Herzstück

Die dargestellten Muster dienen dazu, Sie noch einmal mit möglichen Formulierungen vertraut zu machen und Ihnen mit Beispielen den sinnvollen Aufbau von Anschreiben und Lebensläufen zu verdeutlichen.

Position 1: Sachbearbeiter Export

Anzeige

Für unsere Abteilung Import/Export-Abwicklung suchen wir eine/n

Sachbearbeiter/in Warenverkehr Export

Aufgaben
- selbständige und wirtschaftliche Steuerung von innerdeutschen, europa- sowie weltweiten Transporten
- Erstellung von Konzepten und Richtlinien für die Transportsteuerung zur Optimierung von Kosten und Service
- Einzel- und Generalversandanweisungen für Transport und Zollabfertigung
- Aufbau eines Qualitätssicherungssystems für den Bereich Export
- Erstellen und Auswerten von Statistiken

Voraussetzungen
- abgeschlossene Berufsausbildung Speditionskaufmann/frau oder kaufmännische Ausbildung mit entsprechenden Branchenkenntnissen
- mindestens fünfjährige Berufserfahrung (Land-, Luft- und Seeverkehre)
- Kenntnisse im Zollbereich
- Bereitschaft zur Teamarbeit
- Englisch- und DV/PC-Kenntnisse (SAP R3, PC/MS-Office)

Bitte schicken Sie Ihre vollständigen Bewerbungsunterlagen an die IMPORT/EXPORT GmbH, Personalabteilung, Richard-Strauss-Str. 312, 81679 München

Anschreiben

Heiko Schnell   Augsburg, 05.11.99
Baumgartenstraße 11a
86156 Augsburg
Tel. (0821) 12 34 55

IMPORT/EXPORT GmbH
Personalabteilung
Herrn Andreas Schönfelder
Richard-Strauss-Str. 312
81679 München

114

Ihre Anzeige im Münchener Stadtanzeiger vom 16.10.99
Unser Telefongespräch vom 02.11.99

Sehr geehrter Herr Schönfelder,

vielen Dank für den ersten Abgleich meines Profils mit der ausgeschriebenen Stelle am Telefon.

Wie bereits kurz dargestellt, betreue ich momentan die Steuerung von weltweiten Transporten, habe im Bereich der Transportsteuerung Kosten- und Serviceoptimierungen durchgeführt und beherrsche auch die gesamte Zollabwicklung aus meiner mehrjährigen Berufstätigkeit in einer Exportabteilung.

In der Firma F. Kopper & Co. GmbH bin ich in der Abteilung Export mit folgenden Aufgaben betraut: Ich bin verantwortlich für die weltweite Transportorganisation, inklusive der zugehörigen Zollabwicklung. In der Kundenbetreuung bearbeite ich die Auftragsabwicklung sowie die Angebotsabgabe und die -verfolgung.

In dem von mir mitverantworteten Sonderprojekt Logistik- und Warenwirtschaftsoptimierung konnte ich auf die Umstrukturierung der Ablauforganisation bei meinem vorherigen Arbeitgeber, der Kajo Europa GmbH, aufbauen. Neben der Umstrukturierung der Ablauforganisation war meine Aufgabe dort die europaweite Vermittlung von Frachtabschlüssen auf dem Land- und Seeweg.

Meine berufliche Entwicklung begann ich bei meinem Ausbildungsbetrieb, der Oster & Koppel AG, als Speditionskaufmann im Bereich Logistik.

Ich habe mich im Zollrecht ständig weitergebildet und auch meine EDV-Kenntnisse stetig ausgebaut. Ich beherrsche SAP R2/R3 und das Bürosoftwarepaket MS-Office. Daneben spreche ich verhandlungssicher Englisch. Effektive Teamarbeit bin ich aus meinen Projektaufträgen gewohnt.

Ich würde mich freuen, von Ihnen zu hören und weiterführende Aspekte in einem Bewerbungsgespräch klären zu können.

Mit freundlichen Grüßen

Unterschrift (ausgeschriebener Vor- und Zuname)

Lebenslauf

Heiko Schnell
Baumgartenstraße 11a
86156 Augsburg
Tel. (0821) 12 34 55

Persönliche Daten

Geb. am 04.04.71 in Regensburg, verheiratet

Berufstätigkeit

01/97 - heute	F. Kopper & Co. GmbH, Augsburg, Abteilung Export, Organisation von weltweiten Transporten mit der dazugehörigen Zollabwicklung, Verhandlungen mit internationalen Spediteuren, Auftragsabwicklung, Angebotsabgabe und -verfolgung, Sonderprojekt: Logistik- und Warenwirtschaftsoptimierung
01/95 - 12/96	Kajo Europa GmbH, Regensburg, Abteilung Export, Europaweite Vermittlung von Frachtabschlüssen auf dem Land- und Seeweg, Zoll- und Versicherungsabwicklung, Optimierung der Ablauforganisation
07/94 - 12/94	Oster & Koppel AG, Regensburg, Bereich Logistik, Kalkulation und Erstellung von Angeboten für Kundenausschreibungen

Ausbildung

08/91 - 07/94	Oster & Koppel AG, Regensburg, Ausbildung zum Speditionskaufmann
12.07.94	Speditionskaufmann, Note sehr gut

Schule und Wehrdienst

07/88 - 06/90	Berufsaufbau- und Fachoberschule im Bildungszentrum Regensburg, Fachrichtung Wirtschaft
14.06.90	Fachhochschulreife, Note gut
07/90 - 08/91	Stabsdienstsoldat beim Heer, Cuxhaven, Dienstgrad Obergefreiter

Weiterbildung

07/95	Lernimpuls GmbH, Kiel, Zollrecht für Praktiker
10/96 - 11/96	Computer Bildungszentrum Augsburg, SAP R2

Zusatzqualifikationen

Sprachen:	Englisch (verhandlungssicher)
EDV-Kenntnisse:	SAP R2/R3 und MS-Office (beide ständig in Anwendung), MS-Project (sehr gut)

Augsburg, 05.11.99   Unterschrift (ausgeschriebener Vor- und Zuname)

Position 2:
Kaufmännische Mitarbeiterin

Anzeige

Die PAUSO GmbH ist ein erfolgreiches Vertriebsunternehmen innerhalb einer Gruppe von Elektronikfirmen. Wir liefern innovative Produkte internationaler Hersteller aus dem Bereich der Elektromechanik. Unsere Kunden sind bekannte Unternehmen der deutschen Industrie.

Für unser Büro in Berlin suchen wir die

Kaufmännische Mitarbeiterin
Vertrieb Innendienst/Administration

Sie sollen die „Seele" des Innendienstes sein, die Verwaltung von Aufträgen und Provisionen übernehmen sowie unsere Kunden, Lieferanten und Vertriebsbüros betreuen. Wir bieten Ihnen eine sehr selbständige und verantwortungsvolle Tätigkeit, ein modernes Team, interessante Konditionen und ein angenehmes Umfeld.

Wenn Sie schon einige Jahre Berufserfahrung haben, über Organisationstalent verfügen, die englische Sprache beherrschen und sich mit PCs auskennen, schreiben Sie uns oder rufen Sie an:

PAUSO GmbH, Personalabteilung, Göttinger Chaussee 42, 30453 Hannover, Tel. (0511) 98 76 54

117

Anschreiben

Alexandra Fröhlich Göttingen, 10.10.99
Behmweg 4
37073 Göttingen
Tel. (0551) 22 33 44

PAUSO GmbH
Personalabteilung
Frau Flinsch
Göttinger Chaussee 42
30453 Hannover

Bewerbung als Kaufmännische Mitarbeiterin Vertrieb Innendienst/ Administration, HAZ vom 02.10.99

Sehr geehrte Frau Flinsch,

ich verfüge über Berufserfahrung im Vertriebsinnendienst, bin sicher in der englischsprachigen Korrespondenz und habe bereits Aufgaben in der Kundenbetreuung, der Auftragsbearbeitung und der Büroorganisation übernommen.

Zur Zeit arbeite ich als Sekretärin des Vertriebsleiters der ISA Nahrungsmittelwerke GmbH in Göttingen. Neben allgemeinen Verwaltungstätigkeiten habe ich vertriebsunterstützende Maßnahmen wie Messeorganisationen durchgeführt.

Da ich für meinen jetzigen Arbeitgeber auch europäische Kunden betreue, habe ich meine Englischkenntnisse in Businessenglisch-Kursen verhandlungssicher gemacht. Die Zusammenarbeit mit Vertriebsbüros ist mir aus meinen Aufgaben in der Messeorganisation vertraut. Als Sekretärin des Vertriebsleiters übernehme ich auch die Vorbereitung von Maßnahmen der Vertriebsschulung und die Provisionsabrechnung.

Vor meiner momentanen Position habe ich in der Importabteilung der Kura Möbelwerke GmbH & Co. KG als Sachbearbeiterin im Einkauf und der Angebotsbearbeitung gearbeitet.

Ich habe bei der EuroVersicherungen GmbH in Bremen eine Ausbildung zur Versicherungskauffrau gemacht und nach der erfolgreichen IHK-Prüfung weiter bei meinem Ausbildungsbetrieb in der Privatkundenbetreuung gearbeitet.

Gute Kenntnisse in PC-Textverarbeitung, Tabellenkalkulation und dem Umgang mit Datenbanken sind für mich selbstverständlich.

Für ein Vorstellungsgespräch stehe ich Ihnen gerne zur Verfügung.

Mit freundlichen Grüßen

Unterschrift (ausgeschriebener Vor- und Zuname)

Lebenslauf

Alexandra Fröhlich
Behmweg 4
37073 Göttingen
Tel. (0551) 22 33 44

Persönliche Daten

Geb. am 07.12.70 in Bremen, ledig

Berufstätigkeit

11/96 - heute	ISA Nahrungsmittelwerke GmbH, Göttingen, Vertriebsabteilung, Sekretärin des Vertriebsleiters, Sekretariatsaufgaben, Organisation von Messen in Großbritannien und Frankreich, Bearbeitung von Kundenanfragen aus dem europäischen Ausland
03/94 - 10/96	Kura Möbelwerke GmbH & Co. KG, Bremen, Abteilung Import, Sekretariat und Sachbearbeitung, Englische Korrespondenz mit den Herstellern, Angebotsbearbeitung und Einkauf
07/93 - 02/94	EuroVersicherungen GmbH, Bremen, Abteilung Privatkunden, Sachbearbeiterin, Bearbeitung von Anträgen und Versicherungsfällen von Privatkunden

Schule und Ausbildung

14.06.90	Abitur, Lessing Gymnasium, Bremen
08/90 - 07/93	EuroVersicherungen GmbH, Bremen, Ausbildung zur Versicherungskauffrau
12.07.93	Versicherungskauffrau

Weiterbildung

04/94 - 06/94	VHS Bremen, Business English für Fortgeschrittene Teil 1
10/94 - 01/95	dto., Teil 2, Prüfung London Chamber of Commerce
01/96	EDV-Müller GmbH, Excel 7.0 für Fortgeschrittene

Zusatzqualifikationen

Sprachen:	Englisch (verhandlungssicher)
EDV-Kenntnisse:	Textverarbeitung Word 7.0 und Tabellenkalkulation Excel 7.0 (beide ständig in Anwendung), Datenbank Access 7.0 (gute Kenntnisse)

Göttingen, 10.10.99   Unterschrift (ausgeschriebener Vor- und Zuname)

Position 3:
DV-Organisations-Assistent

Anzeige

Erschließen Sie sich neue berufliche Perspektiven

Wir sind ein vertriebsorientiertes, innovatives Spezialinstitut mit Sitz in Frankfurt am Main und bundesweiten Bankrepräsentanzen.

Im Zuge des weiteren gezielten Ausbaus unserer Organisation suchen wir zum nächstmöglichen Termin eine/n motivierte/n und qualifizierte/n

DV-Organisations-Assistent/in

der/die die Anwenderbetreuung für Windows und MS-Office-Produkte wie auch die Netzwerkadministration unseres Novell-Netzwerkes (Vers. 4.11) übernehmen möchte. Unix- und Datenbank/SQL-Kenntnisse runden ihr Profil ab.

Da Sie auch als interner Ansprechpartner und Betreuer unserer Telefonanlage auftreten werden, sind HICOM-Erfahrungen wünschenswert.

Sie passen ideal zu uns, wenn Sie nach Ihrer kaufmännischen Ausbildung bereits mehrjährige Berufserfahrung in ähnlicher Position gesammelt haben.

Wir freuen uns auf Ihre aussagekräftigen vollständigen Bewerbungsunterlagen mit der Nennung Ihres frühestmöglichen Eintrittstermins, die Sie bitte an folgende Adresse senden

GELDHAMMER BANK Aktiengesellschaft, Spezialinstitut für Kredite und Finanzberatung, Personalabteilung, Goethestr. 111, 60313 Frankfurt

120

Anschreiben

Daniel Zimmer
Am Moor 43
60322 Frankfurt
Tel. (069) 66 55 44

Frankfurt, 27.07.99

GELDHAMMER BANK Aktiengesellschaft
Spezialinstitut für Kredite und Finanzberatung
Personalabteilung
Frau Zinker
Goethestr. 111
60313 Frankfurt

Bewerbung als DV-Organisations-Assistent, FAZ vom 17.07.98
Unser Telefongespräch vom 22.07.98

Sehr geehrte Frau Zinker,

vielen Dank für die telefonischen Informationen. Hier nun mein ausführliches Profil.

Ich arbeite zur Zeit als Netzwerkadministrator und betreue auch den Support des Bereiches Telekommunikation. Bei der Firma Computer Handelsgesellschaft mbH, Frankfurt, betreue ich das Novell-Netzwerk und stehe in allen Fragen der PC Hard- und Software als Ansprechpartner für Kunden und Mitarbeiter zur Verfügung.

Nach meiner Ausbildung zum Industriekaufmann habe ich eine Fortbildung zum Systembetreuer für heterogene Netzwerke erfolgreich abgeschlossen und arbeite seit sechs Jahren in den Bereichen Netzwerkadministration und User-Support.

Der Bereich Betreuung von Datenbank-Servern unter UNIX ist mir aus Weiterbildung und beruflicher Praxis vertraut. Um im Bereich der Telekommunikation auch zukünftige Entwicklungen betreuen zu können, habe ich mir die Bereiche HTML- und Java-Programmierung im Internet in Weiterbildungen erschlossen.

Aufgrund meiner langjährigen DV-Administrationserfahrung bin ich in der Lage, sowohl die Hardwarebetreuung zu übernehmen als auch Anwender gezielt zu schulen und in ihrer täglichen Arbeit zu unterstützen.

Da ich in ungekündigter Stellung tätig bin, muß ich die üblichen Kündigungsfristen beachten.

Über die Einladung zu einem Vorstellungsgespräch würde ich mich sehr freuen.

Mit freundlichen Grüßen

Unterschrift (ausgeschriebener Vor- und Zuname)

121

Lebenslauf

Daniel Zimmer
Am Moor 43
60322 Frankfurt
Tel. (069) 66 55 44

Persönliche Daten
Geb. am 07.06.67 in Darmstadt, verheiratet

Berufstätigkeit

10/95 - heute	Computer Handelsgesellschaft mbH, Frankfurt, Support Netzwerktechnik und Telekommunikation, Betreuung der EDV-Netze (Novell, Windows NT), PC-Betreuung, MS Back Office (MCP und MCSE), Administration und Betreuung des PC-LAN
10/92 - 09/95	Terra Comp GmbH, Darmstadt, Mitarbeit im Team User Help Desk, Netzservices und -support, Administration der Windows NT-Server

Ausbildung/Fortbildung

09/88 - 07/91	Holzgroßhandlung Alfred Otto KG, Darmstadt, Ausbildung zum Industriekaufmann
02.07.91	Industriekaufmann
10/91 - 09/92	Institut für informationstechnische Weiterbildung, Fortbildung zum Systembetreuer für heterogene Netzwerke

Schule, Wehrdienst

30.06.86	Abitur, Städtisches Gymnasium, Darmstadt
07/86 - 09/88	3. NSCHBTL 110, Rheine, Versorgungsunteroffiziersgehilfe

Weiterbildung

08/94	Computer Conzept GmbH, Kurs: Client/Server-Programmierung
03/95	Computer Conzept GmbH, Kurs: Datenbankserver (Oracle 7.0) unter Unix
02/96	Informationssysteme GmbH, Kurs: Internetapplikationsentwicklung (HTML, Java Script/LiveWire)

EDV-Kenntnisse
Novell-LAN (auch 4.11) und Windows NT (ständig in Anwendung)
MS- und Lotus-Produktpalette (sehr gute Kenntnisse)
Datenbanken/SQL (sehr gute Kenntnisse)
UNIX und LINUX (gute Kenntnisse)
Internetkommunikation und -programmierung: HTML, Java Script/ LiveWire (gute Kenntnisse)

Frankfurt, 27.07.99   Unterschrift (ausgeschriebener Vor- und Zuname)

Position 4: Sachbearbeiterin Immobilienfinanzierung

Anzeige

Wir suchen zum Ausbau unserer Repräsentanz Berlin einen/eine

Sachbearbeiter/in für das Immobilienfinanzierungsgeschäft

Aufgaben:
- Analyse und Aufbereitung von Kreditanträgen
- Fertigung der Kreditanträge und Prüfung der Sicherheiten
- Pflege des Kundenbestandes
- Anbahnung neuer Geschäftsbeziehungen
- Unterstützung der Repräsentanzleitung

Anforderungen:
- abgeschlossene Bankausbildung oder betriebswirtschaftliches Studium
- Erfahrung im Kreditgeschäft
- Eigeninitiative und Bereitschaft zur Teamarbeit
- sicheres Auftreten und Freude am Umgang mit Kunden

Wenn Sie schon einige Jahre Berufserfahrung haben, über Organisationstalent verfügen und sich mit den branchenüblichen PC-Anwendungen
auskennen, schreiben Sie uns oder rufen Sie an:

TECH-TRADE BANK AG, Personalabteilung, z. Hd. Herr Ahrendt,
Nassenheider Weg 145C, 13509 Berlin, Tel. 030/987 65 43

Anschreiben

Michaela Kirsch   Berlin, 05.02.99
Pestalozzistr. 85
10625 Berlin
Tel. (030) 55 44 55

TECH-TRADE BANK AG
Personalabteilung
z. Hd. Herr Ahrendt
Nassenheider Weg 145C
13509 Berlin

**Bewerbung als Sachbearbeiterin für das Immobilienfinanzierungs-
geschäft, Berliner Morgenpost vom 30.01.99**

Sehr geehrter Herr Ahrendt,

ich verfüge über mehrjährige Berufserfahrung im Kreditgeschäft. Die
Analyse und Aufbereitung von Kreditanträgen und die Sicherheitenprü-
fung kenne ich aus der täglichen Praxis als Kreditreferentin.

Momentan arbeite ich für die Ost LB, Berlin in der Kreditabteilung. Neben der Bearbeitung von Kreditanträgen nehme ich im Bereich der Bau-
finanzierung die Objektbeurteilungen vor und verwalte das Immobilien-
leasing. Da ich auch im Bereich der Sonderprüfungen eingesetzt werde,
ist mir die abteilungsübergreifende Arbeit im Team vertraut.

Vor meiner jetzigen Position arbeitete ich nach meiner Ausbildung zur
Bankkauffrau als Kundenberaterin bei der Sparda Berlin. Dort war ich in
der Abteilung Privatkunden Ansprechpartnerin für das Anlage- und Kreditgeschäft. Sicheres Auftreten und gut präsentierte Analysen waren ein
Baustein meiner erfolgreichen Vermittlungen von Zusatzprodukten aus
dem Bauspar- und Versicherungsbereich.

In den branchenüblichen PC-Anwendungen kenne ich mich sehr gut aus.
Da ich meine Berufstätigkeit in Berlin fortsetzen möchte, würde ich mich
sehr über eine Einladung zum Vorstellungsgespräch freuen.

Mit freundlichen Grüßen

Unterschrift (ausgeschriebener Vor- und Zuname)

Lebenslauf

Michaela Kirsch
Pestalozzistr. 85
10625 Berlin
Tel. (030) 55 44 55

Persönliche Daten

Geb. am 02.01.71 in Berlin, ledig

Berufstätigkeit

09/95 - heute	Ost LB, Landesbank Berlin, Kreditabteilung, Kreditreferentin Baufinanzierung, Erstellung von Beschlußvorlagen, Objektbeurteilung, laufende Bearbeitung der Kreditakten, Immobilienleasing, Sonderprüfungen
09/93 - 08/94	Sparda Berlin, Abteilung Privatkunden, Kundenberaterin, Ansprechpartner für Kunden im Anlage- und Kreditgeschäft, Vermittlung von Zusatzprodukten aus dem Bauspar- und Versicherungsbereich

Ausbildung

08/90 - 07/93	Sparda Berlin, Ausbildung zur Bankkauffrau
07.07.93	Bankkauffrau
09/94 - 08/95	Studium an der Fachhochschule Berlin, Fachrichtung Wirtschaft

Schule

12.07.90	Abitur, Adenauer Gymnasium, Berlin

Weiterbildung

10/94	Sparkassen-Akademie, Marburg, Fachlehrgang Kreditverträge
02/95	Sparkassen-Akademie, Marburg, Fachlehrgang Bonitätsanalyse
09/96	PC-Kolleg, Berlin, Excel für Fortgeschrittene

Zusatzqualifikationen

Sprachen:	Englisch (gut)
EDV-Kenntnisse:	Word (ständig in Anwendung), Excel, Access (sehr gut), Power Point (gut)

Berlin, 05.02.99	Unterschrift (ausgeschriebener Vor- und Zuname)

125

Position 5:
Nachwuchs-Gebietsverkaufsleiter

Anzeige

ELEC SALES Multimedia hat die Herausforderung für erfolgsorientierte Mitarbeiter und sucht für den Bereich Hypermarket/C+C

Nachwuchs-Gebietsverkaufsleiter/innen

zum Auf- und Ausbau der Marktposition des Unternehmens.

Die Aufgabenschwerpunkte liegen in der Betreuung von Kunden und der Ermittlung von Kundenwünschen, der effektiven Plazierung von ELEC SALES-Produkten im Verkaufsraum, Verkaufsunterstützung am Point of Sales (POS) sowie Plazierung von POS-Material, Produktinformation und Geräteschulung für Verkäufer, Erstellung von Absatzanalysen, Beobachtung regionaler Marktentwicklungen und Trends sowie der Wettbewerbssituation, Bearbeitung von Kundenreklamationen.

Sie sollten über eine kaufmännische oder technische Ausbildung verfügen. Vertriebserfahrung oder Kenntnisse im Merchandising sind von Vorteil. Gute englische Sprachkenntnisse setzen wir voraus.

Wenn Sie sich für diese Tätigkeit in einem modernen, innovativen Unternehmen interessieren, senden Sie bitte Ihre Bewerbung mit Angabe Ihres Gehaltswunsches und des möglichen Eintrittstermins an Frau Jöhnk.

ELEC SALES GmbH
Personalabteilung, Rheinischer Platz 1, 45127 Essen

Anschreiben

Michael Osterwald   Düsseldorf, 10.02.99
Blücherplatz 12
40477 Düsseldorf
Tel. (0211) 65 43 21

ELEC SALES GmbH
Personalabteilung
Frau Jöhnk
Rheinischer Platz
45127 Essen

Bewerbung als Nachwuchs-Gebietsverkaufsleiter, WAZ vom 06.02.99
Unser Telefongespräch vom 09.02.99

Sehr geehrte Frau Jöhnk,

vielen Dank für Ihr Interesse an meiner Bewerbung. Seit zwei Jahren betreue ich Warenhäuser und Großhändler bei der Optimierung von Regal- und Zweitplazierungen, führe Marktbeobachtungen durch und organisiere Sonderaktionen und Messen für den Einzelhandel.

Neben den oben erwähnten Aufgaben übernehme ich als Assistent des Vertriebsleiters NRW der UP Marketing + Distribution GmbH, Düsseldorf Aufgaben in der Marktforschung und erstelle für die Abteilung Außendienst Marktreporte mit den wichtigsten Kennziffern, wie Absatzanalysen, Marktentwicklungen und Benchmarking.

Die Zusammenarbeit mit den Verkäufern vor Ort und die Verkaufsunterstützung am Point of Sale ist mir aus meiner vorhergehenden beruflichen Station als Mitarbeiter in der Vertriebsunterstützung vertraut. Für die Ernst Kohl GmbH & Co. KG in Krefeld arbeitete ich in der Abteilung Marketing/Vertrieb. Ich konzipierte Produktschulungen, führte diese durch und setzte Produktinformationen in Gesprächsleitfäden für den Verkauf um.

In beiden beruflichen Stationen war ich jeweils zweieinhalb Jahre erfolgreich tätig. Die Basis für meine Berufstätigkeit war mein Abschluß als Diplom-Betriebswirt an der Fachhochschule Bochum. Mein Studium beinhaltete auch ein Auslandssemester in Großbritannien. Ich spreche verhandlungssicher englisch.

Mein frühester Eintrittstermin bemißt sich nach den üblichen Kündigungsfristen. Als Gehalt strebe ich 90.000,- DM p.a. an. Für ein Vorstellungsgespräch stehe ich Ihnen gerne zur Verfügung.

Mit freundlichen Grüßen

Unterschrift (ausgeschriebener Vor- und Zuname)

127

Lebenslauf

Michael Osterwald
Blücherplatz 12
40477 Düsseldorf
Tel. (0211) 65 43 21

Persönliche Daten

Geb. am 07.11.68 in Bochum, verheiratet

Berufstätigkeit

06/96 - heute	UP Marketing + Distribution GmbH, Düsseldorf, Abteilung Außendienst, Assistent des Vertriebsleiters NRW, Betreuung von SB-Warenhäusern, Verbrauchermärkten und Großhändlern, Optimierung von Regal- und Zweitplazierungen, Marktbeobachtung und -report, Organisation von Aktionsdurchgängen und Messen für den Einzelhandel
08/93 - 06/96	Ernst Kohl GmbH & Co. KG, Krefeld, Abteilung Marketing/Vertrieb, Mitarbeiter Vertriebsunterstützung, Beratung von Kunden, Bearbeitung von Angeboten und Anfragen, Konzeption und Durchführung von Produktschulungen für Mitarbeiter

Studium

10/88 - 06/93	Fachhochschule Bochum, Fachrichtung Wirtschaft, Schwerpunkte: Marketing und Personal
10/91 - 02/92	Auslandssemester an der Sunderland Polytechnic, Großbritannien
04.06.93	Diplom-Betriebswirt (FH)

Schule und Zivildienst

07/85 - 07/87	Fachoberschule Bochum, Fachrichtung Wirtschaft
12.07.87	Fachhochschulreife
08/87 - 10/88	Zivildienst, Deutsches Rotes Kreuz, Bochum, Ambulante Altenhilfe

Weiterbildung

05/98	Marketing-Consult GmbH, Hamburg, Absatzsteigerung durch modernes Marketing

Zusatzqualifikationen

Sprachen:	Englisch (verhandlungssicher)
EDV-Kenntnisse:	MS-Office (ständig in Anwendung)

Düsseldorf, 10.02.99   Unterschrift (ausgeschriebener Vor- und Zuname)

128

10. Vorstellungsgespräche

„Es macht sich immer gut, auf Fragen zum eigenen Werdegang vorbereitet zu sein. Wichtig hierbei sind klare und in sich schlüssige Aussagen, so daß eine Linie erkennbar ist."

Wiebke Hammerstein, Personalreferentin, Joh. Vaillant GmbH & Co.

Sie haben es geschafft! Sie sind aus dem dicken Stapel der Bewerbungsunterlagen heraus positiv aufgefallen und nun zum Vorstellungsgespräch eingeladen. Die Feier zum ersten Bewerbungserfolg muß allerdings kurz sein, denn es gilt, zahlreiche weitere Fehlerquellen auszuschalten und sich durch gute Vorbereitung zu wappnen.

Eine kleine Party

Die verschiedenen Phasen des Vorstellungsgespräches

Eine ruhige und sachliche Atmosphäre erwartet Sie im Vorstellungsgespräch. Sie werden weder vorgeführt, noch dienen Sie dem Personalverantwortlichen als Blitzableiter für schlechte Laune. Spezielle Streßinterviews werden mit Angestellten selten durchgeführt, aber mit der einen oder anderen Streßfrage müssen Sie schon rechnen (Beispiele geben wir Ihnen in diesem Kapitel).

Blitzableiter Bewerber

Tip: Bei großen Firmen kann die Zeit vom Pförtner bis zum Raum des Vorstellungsgespräches schnell eine halbe Stunde in Anspruch nehmen. Planen Sie Ihren Weg zum Vorstellungsgespräch bei großen Firmen deshalb mit ausreichenden Zeitpuffern.

Typische Vorstellungsgespräche mit Angestellten dauern etwa 45 bis 90 Minuten. Auch wenn die einzelnen

Blöcke in Vorstellungsgesprächen je nach Firma wechseln, können Sie sich an folgendem Schema orientieren:

- Begrüßung
- Kurze Selbstdarstellung der Firma
- Anforderungsprofil des Arbeitsplatzes aus Firmensicht
- Kurze Selbstdarstellung des Bewerbers (Verkaufsprospekt)
- Ausführliche Fragenblöcke, um die fachlichen Kenntnisse und die persönlichen Fähigkeiten des Bewerbers zu überprüfen
- Fragen des Bewerbers an die Firma
- Abschluß des Gesprächs

Firmen stellen sich vor

Der Einstieg ins Vorstellungsgespräch ist häufig so gestaltet, daß Ihr Gesprächspartner nach der offiziellen Begrüßung kurz zu „leichten" Themen wechselt. Beispielsweise werden Sie gefragt, ob Sie den Weg zur Firma schnell gefunden haben und ob Sie schon erste Eindrücke vom Firmenumfeld oder Gebäude gewonnen haben. Dies soll Ihnen die erste Unsicherheit nehmen. Danach wird Ihnen die Firma vorgestellt, Sie bekommen Informationen über die Firmenentwicklung und über die angebotenen Produkte bzw. Dienstleistungen. Anschließend werden Sie mit den Anforderungen der Firma an den zukünftigen Stelleninhaber vertraut gemacht.

Sie präsentieren sich

Jetzt sind Sie dran: Es wird Ihnen Platz zur Selbstdarstellung eingeräumt. Die Grundlagen hierfür haben Sie sich mit den Kapiteln „Was Firmen von Bewerbern erwarten", Seite 11ff., und „Überzeugen in drei Minuten: Ihr Verkaufsprospekt", Seite 30ff., bereits erarbeitet. Sie wissen, wo Ihre Stärken liegen und welche Anforderungen Ihr neuer Arbeitsplatz mit sich bringt. Nun kommt es darauf an, dieses Wissen im Vorstellungsgespräch wirkungsvoll einzusetzen.

Einen ganzen Block typischer Fragen aus dem Vorstellungsgespräch, bei denen Sie auf Ihren Verkaufsprospekt zurückgreifen können, haben wir in der Checkliste „Verkaufsprospekt", Seite 47, aufgeführt. Fragen, wie „Erzählen Sie doch etwas über sich", und „Was reizt Sie an der Position in unserem Unternehmen?", können Sie unter Bezug auf Ihren Verkaufsprospekt glaubwürdig beantworten.

Verkaufsprospekt nutzen

Nutzen Sie die Gelegenheit, sich im Vorstellungsgespräch positiv in Szene zu setzen. Von Personalverantwortlichen wird immer wieder beklagt, daß die meisten Bewerber im Gespräch zu zurückhaltend sind und man ihnen jedes einzelne Wort „aus der Nase" ziehen muß. Dieses Verhalten ist verständlich, gerade unvorbereitete Bewerber durchschauen die Regeln des Bewerbungsverfahrens nicht und sind daher im Gespräch vorsichtig bei der Preisgabe von Informationen. Die Angst vor falschen Antworten blockiert die Bewerber und führt zu einer verkrampften Gesprächsatmosphäre. Sie werden es besser machen, weil Sie sich schon frühzeitig mit Ihren Stärken auseinandergesetzt haben und weil Sie wissen, wie Sie Ihrem Gegenüber diese Stärken unter Bezug auf den Verkaufsprospekt glaubwürdig darstellen können.

Positive Selbstdarstellung

Nach Ihrer Selbstdarstellung geht es in die großen Fragenblöcke zu fachlichen Kenntnissen und persönlichen Fähigkeiten. Hier wird naturgemäß in den verschiedenen Branchen und Firmen sehr unterschiedlich verfahren. In klein- und mittelständischen Unternehmen werden Sie anders befragt als in großen Unternehmen. Bewerbern für einen technischen Arbeitsplatz werden andere Fragen gestellt, als Bewerbern, die sich für einen Arbeitsplatz im kaufmännischen Bereich beworben haben.

Wer macht was bis wann?

Den Abschluß eines Vorstellungsgespräches bildet immer die unausgesprochene Fragenkette: „Wer macht was bis wann?" Klären Sie, ob noch Unterlagen fehlen und fragen Sie, ob es einen Zeitrahmen gibt, in dem die endgültige Entscheidung über die Besetzung des Arbeitsplatzes fällt.

Fragen Sie auf keinen Fall flehentlich: „Seien Sie ehrlich, wie sind meine Chancen?" Sie würden durch diese Frage zeigen, daß Sie mit betrieblichen Entscheidungsprozessen nicht vertraut sind. Entscheidungen über Neueinstellungen werden erst nach gründlicher Rücksprache mit allen Beteiligten und endgültiger Prüfung des Für und Wider aller zum Vorstellungsgespräch eingeladenen Kandidaten gefällt.

Frage- und Antworttechniken

Gesprächsführung

Im Vorstellungsgespräch werden Sie von geschulten Personalverantwortlichen mit bestimmten Fragetechniken konfrontiert, auf die Sie reagieren müssen. Es wird oft sogar erwartet, daß Sie mit Techniken der Gesprächsführung vertraut sind.

Wir stellen Ihnen jetzt diese Fragetechniken vor und zeigen Ihnen, wie Sie mit geeigneten Antworttechniken reagieren können. Die vorgestellten Fragetechniken können Sie natürlich auch für Ihre Fragen an die Firma nutzen. Ein Bewerbungsgespräch ist keine Einbahnstraße.

Offene Fragen sind Fragen, die Sie nicht mit ja oder nein beantworten können. Man nennt diesen Typ auch W-Fragen: Was, wie, wozu, warum, welche. Beispiel: „Was macht Sie für die ausgeschriebene Position geeignet?"

*Fragetechnik:
Offene Fragen*

W-Fragen haben den Vorteil, daß sie ein Gespräch oder eine Diskussion in Schwung bringen. Offene Fragen geben dem Befragten mehr Raum zur Selbstdarstellung. Diese Fragen werden eingesetzt, um größere Mengen an Informationen zu bekommen, um dann an Teilen aus der Antwort anzusetzen und diese durch weitere Fragen zu vertiefen. Problematisch für den Befragten ist, daß er womöglich zuviel Informationen preisgibt.

Geschlossene Fragen können Sie mit ja oder nein beantworten („Haben Sie Computerkenntnisse?", „Sind Sie ein Mensch, der andere überzeugen kann?"). Häufig wird einer geschlossenen Frage eine offene hinterhergeschickt, um sich die Antwort begründen zu lassen („Welche Computerkenntnisse?", „Wie überzeugen Sie andere Menschen?"). Geschlossene Fragen sind auch für Bewerber geeignet, um schnell an Informationen zu kommen („Gibt es in der Einarbeitungszeit einen festen Ansprechpartner für mich?", oder „Wurde die ausgeschriebene Position neu geschaffen?").

*Fragetechnik:
Geschlossene
Fragen*

Alternativfragen sind geeignet, um Bewerber dazu zu bringen, sich vorschnell festzulegen. Machen Sie den Test und beantworten Sie die folgenden zwei Fragen:

*Fragetechnik:
Alternativfragen*

1. Arbeiten Sie lieber im Team oder lieber allein?
2. Hören Sie lieber zu oder reden Sie lieber?

Die meisten beantworten diese Fragen entweder mit der einen oder der anderen vorgegebenen Antwortmöglichkeit. Wenn Sie jedoch in Ruhe nachdenken und gedank-

133

lich verschiedene Situationen durchspielen, stellen Sie fest, daß Teamarbeit und selbständiges Arbeiten (zum Beispiel als Vorbereitung auf Teamsitzungen) zusammengehören und daß Sie sowohl zuhören als auch reden. Nutzen Sie dieses Ergebnis, wenn Ihnen Alternativfragen gestellt werden (dies gilt auch für den privaten Bereich). Entscheiden Sie sich nicht vorschnell für eine vorgegebene Antwort, sondern geben Sie für beide Möglichkeiten Beispiele an. Sie setzen sich so deutlich von den anderen Bewerbern ab.

Fragetechnik:
Streßpause

Sie kennen es noch aus der Schule: Sie gaben eine richtige Antwort, und der Lehrer guckte Sie erstaunt an und fragte: „Bist Du sicher?" Schon korrigierten Sie unter dem Gelächter der Klasse Ihre Antwort, worauf der Lehrer sagte: „Leider falsch, die erste Antwort war schon richtig."

Schweigefehler

Die gleiche Technik setzen Personalverantwortliche ein, allerdings etwas ausgeklügelter. Nachdem Sie eine Frage beantwortet haben, schweigen die Personalverantwortlichen einfach und stellen nicht sofort die nächste Frage. Um Sie weiter unter Druck zu setzen, werden Sie mit einem bohrenden Blick angesehen. Die meisten Bewerber setzen nun ein zweites Mal an und reden so lange, bis der gute erste Teil der Antwort verblaßt ist und nur noch unzusammenhängende Informationen im Raum stehen. Zu diesem Zeitpunkt merkt auch der Bewerber, daß er Unsinn redet, allerdings traut er sich jetzt nicht mehr, aufzuhören. Er redet dann so lange weiter, bis sein Monolog vom Gegenüber unterbrochen wird.

Nachdieseln

Wir nennen diesen Fehler „nachdieseln". Der Bewerber, der mit langen Pausen und bohrenden Blicken nicht vertraut ist, setzt ein zweites Mal an; genauso wie ein

134

PKW, der noch weiterläuft, wenn der Schlüssel im Zündschloß schon abgezogen ist. Trainieren Sie unbedingt, auf Fragen kurze und präzise Antworten zu geben und kritischen Blicken standzuhalten.

Streßfragen werden in Vorstellungsgespräche regelmäßig eingestreut. Anmerkungen wie „Ich glaube, Sie sind nicht der Richtige für uns!", „Sind Sie mit Ihren beruflichen Erfahrungen nicht überqualifiziert/unterqualifiziert für diesen Arbeitsplatz?", oder „Die Beurteilungen in Ihren Arbeitszeugnissen sind ziemlich schlecht!", dienen dazu, im Schnellverfahren zu überprüfen, wie Sie unter Druck reagieren.

Fragetechnik: Streßfragen

Gehen Sie nicht auf Unterstellungen oder Behauptungen ein, sondern beziehen Sie sich auf die fachlichen Kenntnisse und persönlichen Fähigkeiten, die Sie für den zukünftigen Arbeitsplatz mitbringen (siehe Kapitel „Überzeugen in drei Minuten: Ihr Verkaufsprospekt", Seite 30ff.). Stellen Sie dar, warum gerade Sie mit Ihren Kenntnissen und Fähigkeiten für den zu vergebenden Arbeitsplatz geeignet sind.

Wenn Bewerber auf die Unterstellung „Sie scheinen nicht besonders gerne zu arbeiten?" mit rotem Kopf reagieren und viel zu laut oder leise behaupten „Natürlich arbeite ich gerne!", ist diese Vorstellung nicht sehr überzeugend. Sie sind auf einen Streßtest hereingefallen. Antworten Sie lieber sachlich und beherrscht und schildern Sie eine Situation, die Ihre Leistungs- und Belastungsfähigkeit dokumentiert. Beispiel: „Während der Neueinführung einer Software in meiner derzeitigen Firma hatten wir erhebliche Doppelbelastungen zu tragen. Über einen Zeitraum von sechs Monaten habe ich neben meinen eigentlichen Aufgaben die Mitar-

Reingefallen!

beiter und Kollegen bei der Softwareumstellung mit Schulungen und Beratungen unterstützt."

Das Antwortbeispiel zur Streßfrage nach der Arbeitsbereitschaft leitet zu der Antworttechnik „Beispiele geben" über. Die meisten untrainierten Bewerber antworten auf Fragen in Vorstellungsgesprächen zu allgemein und oberflächlich und verzichten darauf, konkrete Beispiele zu geben.

Beispiel 1:
Wenn Sie gefragt werden „Nennen Sie uns zwei Stärken von Ihnen!", sollten Sie niemals nur allgemein antworten „Meine Stärken sind Ausdauer und Verläßlichkeit." Überzeugender ist eine Antwort mit Beispielen, wie: „Meine Stärken sind Ausdauer und Verläßlichkeit, ich habe beispielsweise internationale Messen mitvorbereitet. Es kam darauf an, Terminvorgaben einzuhalten. Deshalb hat sich unsere Projektgruppe auch an Samstagen zum Arbeiten getroffen."

Fähig zur
Zusammenarbeit

Beispiel 2
Die Frage „Sind Sie teamfähig?", sollten Sie nicht einfach nur bejahen: „Ja, ich bin teamfähig." Besser ist es ein konkretes Beispiel zu geben: „Ich löse gerne berufliche Aufgaben zusammen mit anderen im Team. In meiner derzeitigen Firma haben wir eine abteilungsübergreifende Arbeitsgruppe zur Qualitätssicherung gebildet. Die Ergebnisse, die von dieser Arbeit ausgingen, führten zu einer deutlichen Senkung von Ausschuß in den Produktionslinien."

Wenn Sie Ihren Verkaufsprospekt gründlich ausgearbeitet haben, haben Sie genug Beispiele, die geeignet sind, Ihr Gegenüber zufriedenzustellen und ihm mit Ihren Antworten zu vermitteln, daß Sie die Richtige bzw. der Richtige sind.

Stärken und Schwächen

Fragen nach Stärken und Schwächen gehören zum klassischen Programm im Vorstellungsgespräch. „Nennen Sie mir bitte drei Stärken und drei Schwächen von Ihnen!" Die zwei Fragen, die uns in Vorträgen, Seminaren und Einzelberatungen immer wieder gestellt werden, lauten: „Welche Stärken und welche Schwächen von mir soll ich nennen?" und „Wie aufrichtig muß ich bei der Angabe meiner Schwächen sein?"

Aufrichtigkeit?

Zuerst zu den Stärken. Unsere eben dargestellte Antworttechnik „Beispiele geben", läßt sich bei der Darstellung Ihrer Stärken im Vorstellungsgespräch optimal einsetzen. Zuerst überlegen Sie sich, welche Stärken für den von Ihnen angestrebten Arbeitsplatz wichtig sind. Dann müssen Sie noch Beispiele finden, die zeigen, in welchen Situationen Sie diese Stärken benutzen.

Das geeignete Beispiel

Beispiel „*Belastungsfähigkeit*"
„Ich verfüge über eine überdurchschnittliche Belastungsfähigkeit, das zeigt sich daran, daß ich bei kurzfristig auftretenden Problemen nicht die Ruhe verliere und zunächst analysiere, wo die Problemursachen liegen, mir dann Lösungsmöglichkeiten überlege und schließlich entsprechend handele."

Beispiel „*Analytisches Denken*"
„Eine meiner Stärken ist mein analytisches Denken. Dies zeigt sich daran, daß ich komplexe Aufgabenstellungen - beispielsweise die Markteinführung einer neuen Software - in klare Teilziele untergliedern kann und so Schritt für Schritt mein anvisiertes Gesamtziel erreiche."

137

Übung: Stärken

Üben Sie selbst! Überlegen Sie sich Begriffe aus dem Bereich der persönlichen Fähigkeiten, oder wählen Sie einige aus der folgenden Liste aus, und finden Sie für diese Stärken Beispiele aus Ihrem Werdegang.

- Durchsetzungsfähigkeit
- Engagement
- Teamfähigkeit
- Kontaktstärke
- Einfühlungsvermögen
- Kompromißbereitschaft
- Risikobereitschaft
- Entschlußbereitschaft

- Begeisterungsfähigkeit
- Verantwortungsbewußtsein
- Leistungsbereitschaft
- Analytisches Denken
- Kreativität/Eigene Ideen
- Aufgeschlossenheit
- Verläßlichkeit
- Belastungsfähigkeit

Der wunde Punkt

Jetzt zu den Schwächen. Wichtig ist, daß Ihr Gegenüber im Vorstellungsgespräch den Eindruck gewinnt, daß Sie sich mit Ihren persönlichen Fähigkeiten auseinandergesetzt haben (siehe Kapitel „Was Firmen von Bewerbern erwarten", Seite 11ff.). Wenn Sie sagen, „Ich habe keine Schwächen!", wird diese Antwort als überheblich gedeutet, und Ihnen wird mangelnde Selbstkritik unterstellt. Man wird sofort nachhaken, beispielsweise mit Fragen wie: „Warum sind Sie dann noch nicht Vorstandsvorsitzender bei BMW?" oder „Warum sind Ihre Arbeitszeugnisse bzw. Ausbildungszeugnisse dann nur mittelmäßig?" Irgend einen wunden Punkt hat jeder, und unter Streß findet man ihn noch schneller.

Humor überzeugt nicht

Wenn Sie sich auf die Suche nach Ihren Schwächen begeben, ist Humor fehl am Platz. Antworten Sie bitte nicht: „Meine größte Schwäche ist, daß ich abends manchmal das Zähneputzen vergesse." Beachten Sie die Grundregeln des Bewerbungsverfahrens:

- Sei niemals besser als der Personalverantwortliche
  ...darum müssen Sie Schwächen haben!
- Sei niemals fröhlicher als der Personalverantwortliche
  ...sonst schließt man aus Ihrer fehlenden Anpassungsfähigkeit im Vorstellungsgespräch, daß Sie sich auch
  im Betriebsalltag nicht anpassen werden!

Auch bei „witzigen" Antworten wird natürlich sofort nachgehakt: „Vielen Dank für Ihre humorvolle Einlage. Wie Sie wissen, warten draußen noch weitere Bewerber, bitte beantworten Sie nun meine Frage nach Ihren Schwächen!"

Was soll man antworten? Der Königsweg ist der,

Was sind „gute" Schwächen?

- eine Schwäche zu nennen,
- dann ein Beispiel zu geben, wie sich die Schwäche
  in der Vergangenheit bemerkbar gemacht hat und
- gleichzeitig zu belegen, was man getan hat, um die
  Schwäche besser in den Griff zu bekommen.

Beispiel „*Abwartend*"
„Ich bin manchmal zu abwartend. So wurde mir in meiner Arbeitsgruppe gesagt, daß ich mehr Fragen stellen sollte. Ich war erst überrascht, weil ich dachte, daß das stört. Ich hatte viele Fragen und nur auf eine gute Gelegenheit gewartet, bei der ich sie stellen konnte. Heute warte ich nicht mehr so lange, ich werde schneller von mir aus aktiv."

Beispiel „*Direktheit*"
„Ich bin manchmal zu direkt und offen im Gespräch. Mit meiner Vorliebe für klare Worte haben ich manchmal Kollegen und Mitarbeiter vor den Kopf gestoßen. Heute achte ich darauf, daß ich mehr auf den richtigen Zeit-

punkt und die richtige Situation achte, wenn ich meine Meinung äußere."

Tip: Bei der Frage „Nennen Sie mir drei Stärken und drei Schwächen von Ihnen!" verfallen Sie bitte nicht ins Schwächenaufzählen: Nennen Sie drei Ihrer Stärken, aber nur <u>eine</u> Schwäche. Weitere Schwächen erst auf Nachfrage.

Setzen Sie sich vor Vorstellungsgesprächen mit Ihren Stärken und Schwächen auseinander. Dann können Sie Ihre persönlichen Fähigkeiten im Bewerbungsgespräch überzeugend präsentieren und konkret belegen.

Fragenkomplexe

Mit Ihrem ausgearbeiteten Verkaufsprospekt aus dem Kapitel „Überzeugen in drei Minuten: Ihr Verkaufsprospekt", Seite 30ff., mit unseren Antworttechniken und mit den Beispielen zum Themenkreis Stärken und Schwächen haben wir Ihnen das notwendige Rüstzeug an die Hand gegeben, um in Vorstellungsgesprächen zu überzeugen. Jetzt kommt es darauf an, dieses Wissen einzusetzen. In den nun folgenden Fragenkomplexen warten typische Fragen

- zur Motivation der Bewerbung,
- zur Firma,
- zur beruflichen Entwicklung,
- zur Persönlichkeit und
- zur privaten Lebensgestaltung

auf Sie. Sie können die Fragenkomplexe jetzt durcharbeiten oder zunächst in unser Kapitel „Beispielfragen und Beispielantworten", Seite 160ff., wechseln. Dort finden Sie ausgewählte Beispielantworten, die Ihnen helfen, Ihren eigenen Antwortstil zu entwickeln bzw. weiter auszubauen.

Fragen zur Motivation der Bewerbung

In diesem Fragenblock will man feststellen, wie stark Ihr Wunsch ist, gerade für diese Firma bzw. in dem von Ihnen angestrebten Tätigkeitsfeld zu arbeiten.

*Interesse
interessiert nicht*

Auf Fragen wie „Was erwarten Sie von einer Anstellung bei uns?" reichen Antworten wie „Die Aufgabe interessiert mich" oder „Ich freue mich auf die Herausforderung in Ihrer Firma" nicht aus.

Heben Sie mit Ihren Antworten Ihre bisherige Leistungsmotivation bei der Erfüllung beruflicher Aufgaben hervor, so daß sich beim Zuhörer innerlich die Überzeugung einstellt, daß eine Anstellung die konsequente Fortsetzung Ihres eingeschlagenen Berufsweges bedeuten würde. Beziehen Sie sich auf Ihren Verkaufsprospekt. Zeigen Sie, wie Sie sich durch das Stecken und Erreichen von beruflichen Zielen selbst motivieren und daß Sie beruflich noch lange nicht alles erreicht haben, was Sie mit Ihrem Potential erreichen können.

Leistungsmotivation

Liefern Sie Beispiele dafür, wann Sie sich bewußt für die Ausrichtung Ihrer beruflichen Laufbahn entschieden haben, welche Erfolge Sie in Ihrer beruflichen Entwicklung erzielt haben, und welche Ihrer fachlichen Kenntnisse und persönlichen Fähigkeiten Sie nun in der neuen Position einsetzen werden - und warum.

Beispiel: Fragen zur Motivation

- Was erwarten Sie von einer Anstellung bei uns?
- Was hat Sie an unserer Anzeige besonders angesprochen?
- Was würden Sie am ersten Tag in unserer Firma machen?
- Wie lange brauchen Sie für die Einarbeitungsphase?
- Was reizt Sie an der ausgeschriebenen Position am meisten?
- Was wollen Sie in drei/fünf/zehn Jahren erreicht haben?
- Welche Pläne haben Sie für Ihre Weiterbildung?
- Was brauchen Sie, um beruflich erfolgreich zu sein?
- Wenn Sie einen Stellvertreter für sich auszusuchen hätten, welche Kenntnisse und Fähigkeiten müßte er mitbringen?
- Warum haben Sie sich gerade bei uns beworben?
- Können wir Sie auch in anderen Unternehmensbereichen einsetzen, wenn ja in welchen?
- Wo haben Sie sich sonst noch beworben?
- Interessiert Sie auch eine andere Tätigkeit als die ausgeschriebene?
- Würden Sie für unser Unternehmen nach Nord-, Süd-, West- oder Ostdeutschland (-europa) gehen?
- Was machen Sie, wenn Sie diese Stelle nicht bekommen?
- Haben Sie schon einmal mit dem Gedanken gespielt, sich selbständig zu machen?
- Seit wann haben Sie den Wunsch, eine berufliche Tätigkeit als XYZ auszuüben?
- Wie lange werden Sie in unserer Firma bleiben?

Fragen zur Firma

Informationsmaterial nutzen

Wenn man Ihnen Informationsmaterial über die Firma oder über deren Produkte und Dienstleistungen im Vorfeld des Vorstellungsgespräches zugesandt hat, müssen Sie damit rechnen, daß wesentliche Informationen aus diesem Material abgefragt werden. Man will feststellen, wie ernst Sie es mit Ihrer Bewerbung meinen und überprüft darum, wie gründlich Sie sich mit der Firma auseinandergesetzt haben.

Zum Teil werden die Fragen zur Firma auch eingesetzt, um Ihre Auffassungsgabe zu überprüfen. Dann werden Ihnen am Anfang des Vorstellungsgespräches Informationen über die Firma gegeben und zu einem späteren Zeitpunkt abgefragt.

Schnelle Auffassungsgabe

Beispiel: Fragen zur Firma

- Was wissen Sie über unsere Firma?
- Kennen Sie unsere Produkte/Dienstleistungen? Was interessiert Sie daran?
- Haben Sie noch Fragen zu dem Informationsmaterial?
- Kennen Sie noch andere Unternehmen unserer Branche?
- Kennen Sie unsere weiteren Standorte (Deutschland, Europa, weltweit)?
- Wissen Sie, wieviele Mitarbeiter wir beschäftigen?
- Kennen Sie unseren Jahresumsatz?
- Was wissen Sie über unsere Branche?
- Welchen Eindruck haben Sie von unserer Firma?

Fragen zum Werdegang

„Würden Sie wieder den gleichen Berufsweg gehen?", ist als Frage geeignet, um festzustellen, wie stark Sie sich mit Ihrem Beruf identifizieren. Verweisen Sie auf besondere Kenntnisse und Fähigkeiten, die Sie während Ihrer Berufslaufbahn erworben haben, und beschreiben Sie, wie Sie diese Kenntnisse und Fähigkeiten im Berufsalltag praktisch eingesetzt haben. Dies dokumentiert Ihr Interesse und Ihre Begeisterung für Ihr Berufsfeld.

Keine Zukunft ohne Vergangenheit

143

Die Auseinandersetzung mit neuen Entwicklungen und aktuellen Tendenzen in Ihrem Berufsfeld sollten Sie auch durch Weiterbildungen, den Besuch von Kongressen und die Auseinandersetzung mit der Theorie hinter der Praxis belegen. Der Blick über das Tagesgeschäft hinaus ist eine Motivation, die in Firmen gerne gesehen wird. Es wird vermutet, daß der, der Eigenaktivität zeigt und für Kontinuität in seiner eigenen Entwicklung sorgt, sich auch am neuen Arbeitsplatz für die Firma engagieren wird.

Ausdauer ist gefragt

Sie haben Ihre berufliche Entwicklung an einer oder mehreren Stellen unterbrochen? Durch kurzfristigen Stellenwechsel, Arbeitslosigkeit oder Kündigung? Im Gespräch will man feststellen, wie Sie diesen Bruch verkraftet haben und wie ausdauernd Sie in Zukunft sein werden, wenn an Ihrem Arbeitsplatz nicht alles wie geplant verläuft. Rechnen Sie damit, daß Sie bei schnellen Wechseln des Arbeitgebers mit Streßfragen wie „Geben Sie bei Problemen immer so schnell auf?" konfrontiert werden. Versuchen Sie nicht, die Schuld an Problemen am alten Arbeitsplatz auf Vorgesetzte und Kollegen abzuschieben, um selbst besser dazustehen. Auch Ehrlichkeit ist bei solchen Fragen kontraproduktiv. Im Kapitel „Berufswechsel begründen", Seite 23ff., erläutern wir Ihnen ausführlich, wie Sie Probleme am alten Arbeitsplatz im Vorstellungsgespräch „verkaufen".

Zupacken statt Jammern

Achten Sie bei der Darstellung Ihrer beruflichen Entwicklung darauf, daß Sie die Entwicklung hin zur neuen Position plausibel machen. Eine Entwicklung machen Sie niemals dadurch deutlich, daß Sie auf verpaßte Chancen, Krisen und Brüche in Ihrer Berufslaufbahn eingehen. Sehr viele Berufswechsler, die zu uns in die Beratungsstunden kommen, suchen zu allererst Recht-

144

fertigungen dafür, daß alles nicht so richtig gelaufen ist. Nach einiger Übungszeit schaffen es aber alle, die vorhandenen beruflichen Stationen mit konkreten Beispielen auszufüllen und einen roten Faden der beruflichen Entwicklung zu knüpfen. Im Bewerbungsgespräch wollen Personalverantwortliche prüfen, ob Sie selbst zu Ihrer bisherigen beruflichen Entwicklung stehen. Weinen Sie noch heute verpaßten Chancen nach oder haben Sie das beste aus der jeweiligen Situation gemacht?

Beachten Sie bei Antworten auf Fragen wie „Was hat Sie im Beruf besonders enttäuscht?", oder „Was war Ihr größter Mißerfolg im Beruf?", die Grundregeln der „Problemkommunikation":

Aktive Problemlöser gesucht

- Schildern Sie kurz, was Sie als problematisch erlebt haben, und
- verdeutlichen Sie, wie Sie diese Probleme aktiv bewältigt haben.

Allgemeine Statements zur Abschaffung des hierarchischen Betriebsablaufes in Großunternehmen helfen hier nicht weiter, und auch der Verweis auf die mangelhafte Personalentwicklung und Mitarbeiterförderung in den Zeiten des Personalabbaus ist gefährlich. Man könnte daraus schließen, daß Sie bei Problemen in Ihrer neuen Position einfach mehr Geld, sprich mehr Mitarbeiter oder Sachmittel, fordern werden. Das aber spricht nicht gerade für Ihre Kreativität und Problemlösungsfähigkeit.

„Boß, ich brauch' mehr Geld..."

Zusammenfassend läßt sich festhalten, daß Sie den Fragenblock zur beruflichen Entwicklung dann gelungen absolvieren, wenn Sie Ihren Gesprächspartnern verdeutlichen, daß Sie Ihre Neigungen und Interessen frühzeitig erkannt, konsequent verfolgt und im Beruf ausgebaut haben, wobei Sie in der Lage waren, Hindernisse aus dem Weg zu räumen und auch gelegentliche Rückschläge zu verkraften.

Beispiel: Fragen zur beruflichen Entwicklung

- Aus welchen Gründen haben Sie sich für Ihren Beruf entschieden?
- Welche Fort- und Weiterbildung möchten Sie noch machen?
- Gibt es eine innere Logik hinter Ihrem bisherigen beruflichen Werdegang?
- Warum haben Sie Ihre Arbeitgeber mehrmals gewechselt?
- Warum sind Sie arbeitslos geworden?
- Wie haben Sie sich auf die beruflichen Anforderungen in Ihrer bisherigen Position vorbereitet?
- Würden Sie wieder den gleichen Beruf wählen?
- An welche zwei Erfolge in Ihrer Berufstätigkeit erinnern Sie sich besonders gern?
- Was hat Sie bei Ihrem bisherigen Arbeitgeber am meisten frustriert?
- Was hat Ihnen an Ihrer alten Stelle besonders gefallen, was nicht?
- Welche beruflichen Tätigkeiten mochten Sie besonders oder auch nicht und warum?
- Fühlten Sie sich an Ihrem alten Arbeitsplatz gerecht beurteilt?
- Was hat Sie im Beruf besonders enttäuscht?
- Was waren die Gründe für Ihre guten Beurteilungen?
- Warum haben Sie so schlechte Arbeitszeugnisse?
- Welche Weiterbildungen haben Sie neben Ihrer Berufstätigkeit freiwillig absolviert?
- Welche Kenntnisse und Fähigkeiten haben Sie sich außerhalb Ihrer Berufstätigkeit angeeignet?

Fragen zur Person

Wir haben es immer wieder erlebt, daß Bewerber bei der Fragenkombination „Erinnern Sie sich an Ihren schlechtesten Vorgesetzten? Was hat Sie am meisten an ihm gestört?", plötzlich einen feuerroten Kopf kriegen und wahre Haßtiraden auf ehemalige Vorgesetzte loslassen. Problematisch dabei ist, daß Sie und nicht Ihr ehemaliger Vorgesetzter dadurch als schwieriger Mensch dastehen. Über den letzten Arbeitgeber, den derzeitigen Vorgesetzten und die Kollegen formulieren Sie bitte nur positiv. Sie gelten sonst als illoyal und schwierig.

Achtung: Haßfalle!

Bei Fragen nach Konflikten am alten Arbeitsplatz abstrahieren Sie. Beispiel: „Es ist immer schwierig, wenn wichtige Informationen zurückgehalten werden" oder „Unsachliche Kritik, die mit persönlichen Angriffen verbunden ist, stört mich." Geben Sie auf Nachfrage jeweils kurze Beispiele für derartige Konfliktsituationen, und zeigen Sie, wie Sie die Konflikte aufgelöst haben.

Auf Fragen nach Ihren Stärken oder Schwächen sind Sie ja bereits vorbereitet. Die Fragen „Wie würde Ihr bester Freund Sie beschreiben?", oder „Welche Eigenschaften müßte Ihr Stellvertreter mitbringen?", zielen in die gleiche Richtung. Nennen Sie die fachlichen Kenntnisse und persönlichen Fähigkeiten, die Sie selbst für die ausgeschriebene Position mitbringen.

Mein bester Freund und ich

Die Zielrichtung der Frage „Könnten Sie sich, wenn Sie eine Weile bei einem anderen Arbeitgeber gearbeitet hätten, eine Rückkehr auf Ihren jetzigen Arbeitsplatz vorstellen?", ist klar. Man will überprüfen, ob Sie an Ihrem Arbeitsplatz unter hohem Druck stehen und ihn auf jeden Fall verlassen wollen.

147

Beispiel „*Rückkehr zum alten Arbeitgeber*"
„Die neue Position in Ihrer Firma ermöglicht mir, meine Kenntnisse und Fähigkeiten in den Bereichen X und Y einzusetzen. Mein alter Arbeitgeber hat keine derartige Position für mich, eine Rückkehr wäre mit Verlust der Tätigkeiten X und Y verbunden und ist daher für mich nicht vorstellbar."

Was bedeutet Arbeit für Sie...

Antworten auf Fragen nach der Bedeutung von „Arbeit" und „Freizeit" sollten Sie vor dem Vorstellungsgespräch für sich geklärt haben. Im Mittelpunkt Ihrer Antworten sollte dabei stets der Bezug zur Berufstätigkeit stehen.

Beispiel „*Arbeit*"
„Arbeit bedeutet für mich, mir Ziele zu setzen und diese Ziele zu erreichen, so habe ich bisher ... (Verkaufsprospekt!)"

..und was Erfolg?

Dasselbe gilt für Fragen zu „Erfolg" und „Mißerfolg".

Beispiel „*Erfolg*"
„Aus meiner Sicht bin ich dann erfolgreich, wenn es mir gelingt, private und berufliche Ziele miteinander zu verbinden. Arbeit ist für mich auch immer eine Möglichkeit der Selbstbestätigung und beruflicher Erfolg strahlt positiv in mein Privatleben aus."

Beispiel „*Mißerfolg*"
„Mißerfolg akzeptiere ich nicht. Wenn ein angestrebtes Ziel nicht erreicht wird, überprüfe ich die Zielsetzung und analysiere mögliche Störfaktoren. So gelang es uns erst nach einer Modifikation der Marketingstrategie, unser Produkt auf dem spanischen Markt erfolgreich einzuführen."

Beispiel: Fragen zur Person

- Wie holen Sie sich aus seelischen Krisen heraus?
- Was war in Ihrem Leben die schwierigste Entscheidung?
- Kennen Sie beruflich erfolgreiche Menschen?
- Wie wirken Kritik und Anerkennung auf Sie?
- Sie werden ungerechtfertigt kritisiert, wie reagieren Sie?
- Wenn Sie noch einmal von vorn anfangen könnten, was würden Sie anders machen?
- Was bedeutet Arbeit für Sie? Was Freizeit?
- Was würden Sie tun, wenn Sie mehr Freizeit hätten?
- Was bedeutet Erfolg für Sie? Was Mißerfolg?
- Wie verhalten Sie sich in unangenehmen Situationen?
- Arbeiten Sie lieber allein oder lieber im Team?
- Welche Eigenschaft stört Sie an Menschen am meisten?
- Könnten Sie sich, wenn Sie eine Weile bei einem anderen Arbeitgeber gearbeitet hätten, eine Rückkehr auf Ihren jetzigen Arbeitsplatz vorstellen?
- Wie glauben Sie, schätzen andere Menschen Sie ein?
- Wenn wir Ihren besten Freund fragen würden, wie würde er Sie beschreiben?
- Wenn Sie einen Stellvertreter für sich auszusuchen hätten, welche Eigenschaften müßte er mitbringen?
- Welche Eigenschaften müßte Ihr idealer Vorgesetzter mitbringen?
- Erinnern Sie sich an Ihren schlechtesten Vorgesetzten. Was hat Sie am meisten an ihm gestört?
- Nennen Sie mir bitte drei Stärken/Schwächen von Ihnen!
- Was tun Sie lieber: Zuhören oder Reden?
- Was ist Ihre größte Stärke? Was Ihre größte Schwäche?
- Welchen Führungsstil bevorzugen Sie?
- Welche Erwartungen haben Sie an zukünftige Kollegen?
- Was hat Sie an bisherigen Kollegen am meisten gestört?
- Was tun Sie, wenn Ihr Vorgesetzter Ihre Vorschläge immer wieder ablehnt?

Fragen zur privaten Lebensgestaltung

In Firmen herrscht die Meinung vor, daß Kandidaten, die über ein stabiles soziales Umfeld verfügen, dauerhaft bessere Leistungen erbringen.

Zu diesem sozialen Umfeld gehören Lebenspartner bzw. Ehepartner, Bekanntenkreis, aber auch Sportvereine oder ehrenamtliches Engagement. Im Kapitel „Lebenslauf", Seite 84ff., haben wir die Darstellung Ihrer Hobbys ausführlich besprochen. Überdurchschnittliches Engagement bei Freizeitaktivitäten, Risikosportarten, Leistungssportarten und regional begrenzten Sportarten sind im Vorstellungsgespräch gefährlich. Das heißt jedoch nicht, daß Sie auf die Darstellung Ihrer Hobbys verzichten müssen.

Aktive Entspannung

Das Losungswort heißt in diesem Fall „aktive Entspannung". Informatiker, die den ganzen Tag programmieren und auch abends und am Wochenende allein vor ihrem PC sitzen, gelten als kommunikationsunfähige Einzelkämpfer. Vermeiden Sie einen einseitigen Eindruck bei Fragen nach Ihren Hobbys und Freizeitaktivitäten.

Zeigen Sie, daß Sie auch noch andere Themen haben, bei denen Sie wißbegierig und begeistert sind. Vorsicht mit der Länge Ihrer Antworten. Bei Ihren Hobbys kommen Ihre Emotionen mit ins Spiel, und Sie können leicht zum Viel- und Dauerredner werden. Monologe zum Thema „Mein Aquarium" ermüden Personalverantwortliche schnell und zeigen nur, daß es nicht gerade die Arbeit ist, die Sie begeistert.

Fit for job

Am besten überzeugen Sie in diesem Fragenkomplex, wenn Sie auf Freizeitaktivitäten verweisen, die Sie für die täglichen Anforderungen in Ihrem Beruf fit halten.

150

Zweimal in der Woche Joggen oder Tennis spielen, lange Spaziergänge, um richtig abzuschalten oder Radtouren mit der Familie sind gute Möglichkeiten, um Ihre Fähigkeit zur aktiven Entspannung darzustellen.

Die Angaben über Ihren Familienstand im Lebenslauf sagen wenig über Ihr Privatleben aus. Weisen Sie Fragen nach Ihrer weiteren Familien- und Lebensplanung nicht mit der Bemerkung „Das geht keinen etwas an!" zurück. Sie zeigen durch überlegte Antworten auf Fragen wie „Was denkt Ihr Lebenspartner über Ihren Beruf?", daß Sie sich mit den zu erwartenden Veränderungen Ihres Privatlebens gründlich auseinandergesetzt haben. Dies ist besonders wichtig, wenn die berufliche Veränderung mit einem Umzug verbunden ist.

Umzug: Weiß die Familie Bescheid?

Unsichere Antworten lassen die Befürchtung aufkommen, daß Ihr Lebenspartner noch nichts über die neue Stelle weiß und Ihre Entscheidung damit noch beeinflussen kann. Damit verschlechtern Sie Ihre Position gegenüber anderen Mitbewerbern deutlich. Je deutlicher wird, daß Ihr Lebenspartner Sie bei der Erreichung beruflicher Ziele unterstützt, umso besser für Sie. Bei einem unserer Kunden haben wir sogar den Extremfall erlebt, daß die Lebenspartnerin mit zu einem Vorstellungsgespräch in die neue Firma eingeladen wurde.

Der Ernährer entscheidet

> # *Beispiel: Fragen zum Privatleben*
>
> - Was denkt Ihr Lebenspartner über Ihren Beruf?
> - Welchen Beruf übt Ihre Lebenspartnerin aus?
> - Welche Unterstützung bekommen Sie von Ihrem Lebenspartner für Ihren Beruf?
> - Wie sieht Ihre private Lebensplanung aus?
> - Was machen Sie in Ihrer Freizeit?
> - Was haben Sie in der letzten Woche gemacht?
> - Welche Hobbys haben Sie?
> - Sind Sie in Ihrer Freizeit lieber allein, oder ziehen Sie die Geselligkeit in der Gruppe vor?
> - Sind Sie Mitglied in einem Verein?
> - Welche Zeitungen/Zeitschriften lesen Sie?
> - Welches Buch haben Sie zuletzt gelesen?
> - Welchen Film haben Sie zuletzt gesehen?
> - Gehen Sie gern ins Theater/Museum/Konzert?
> - Reisen Sie im Urlaub gerne, oder verbringen Sie Ihre Zeit lieber zu Hause?
> - Wie entspannen Sie sich?
> - Treiben Sie Sport? Wenn ja, welchen, und wenn nein, warum nicht?

Bewerberfragen

Ihre Fragen bitte!

Karriereplanung ist ein langwieriger Prozeß, der am erfolgreichsten ist, wenn er auf möglichst vielen Informationen beruht. In der Fachsprache der Personalexperten heißt das Schlagwort dazu „Realistische Tätigkeitsvorausschau". Es hat sich gezeigt, daß Bewerber, die sich umfassend über den neuen Arbeitgeber und Arbeitsplatz informiert haben, in der neuen Position mehr Frustrationstoleranz und Ausdauer zeigen als Bewerber, die uninformiert in die neue Firma hineinstolpern.

Aus unserer Erfahrung können wir bestätigen, daß Ihre Fragen an die Firma wichtig sind. Handeln Sie auf keinen Fall nach der Devise „Hauptsache irgendwas Neues". Wenn es nach zwei Wochen in der neuen Position kriselt, weil Sie nicht berücksichtigt haben, daß die Position für Sie neugeschaffen wurde und Sie nun ohne Ansprechpartner für die Einarbeitung zwischen allen Hierarchiestufen hängen, haben Sie ein echtes Problem. Der Weg zurück ist verbaut und Sie müssen dem nächsten Arbeitgeber erklären, warum Sie schon wieder wechseln wollen.

Job-hopping

Bereiten Sie Ihren Stellenwechsel daher durch gezielte Fragen im Vorstellungsgespräch so gründlich wie möglich vor. Verärgern Sie jedoch Ihren Gesprächspartner nicht dadurch, daß Sie einen Fragenkatalog aus der Tasche ziehen und Frage für Frage abhaken. Wenn Sie erkennen, daß Sie sich in einer weniger strukturierten Phase des Vorstellungsgespräches befinden, können Sie einzelne Fragen einfließen lassen. Aber Achtung! Fangen Sie nicht mit Fragen nach der Gleitzeit, den Urlaubstagen, der Abgeltung von Überstunden, der privaten Nutzung des PKW oder sozialen Extraleistungen an. Auch der Gesprächseinstieg „Die Aktienkurse Ihres Unternehmens fallen in den letzten Monaten ja täglich", zeigt zwar Ihre Informiertheit, führt aber sicherlich nicht zu einer optimalen Gesprächsatmosphäre.

Kein Verhörstil!

Ihre Fragen zur Einarbeitung und zu Ihrer Stellung in der Firmenhierarchie sind unverzichtbar. Berücksichtigen Sie die oben dargestellten Fragetechniken, und formulieren Sie offene Fragen (W-Fragen). So können Sie gleich Ihre Kommunikationsfähigkeit ins rechte Licht rücken.

Beispiel: Ihre Fragen

- Stellen Sie Fragen zu den Ihnen bereits vorliegenden Geschäftsunterlagen!
- Wie ist die Position des Unternehmens bezogen auf Mitbewerber und Marktanteile?
- Wie ist die Einarbeitung geplant? Wer ist während der Einarbeitungsphase Ihr Ansprechpartner?
- In welchen zeitlichen Anteilen stehen die wesentlichen Aufgaben Ihrer Position zueinander (z.b. zeitliche Anteile von Beratung, Verkauf und Service oder Innen-/Außendienst)?
- Wer ist Ihr direkter Vorgesetzter, gibt es die Möglichkeit, ihn vorher kennenzulernen? Welche Ausbildung/Qualifikation hat er?
- Wurde die ausgeschriebene Position neu geschaffen?
- Wie lange hat Ihr Vorgänger auf dieser Position gearbeitet und wo ist er jetzt? (Bei kurzer Dauer: Wie lange der Vorgänger des Vorgängers?)
- Wie ist die Position in die betriebliche Organisation und Hierarchie eingegliedert?
- Gibt es einen Organisationsplan des Unternehmens für Sie?
- Welchen Anteil haben Dienstreisen an Ihrer Tätigkeit?
- Welche Fort- und Weiterbildungsmöglichkeiten gibt es?
- Wie und in welchen Zeitabständen werden Mitarbeiterbeurteilungen durchgeführt?
- Wie hoch ist das Gehalt? Gibt es außertarifliche Leistungen? (Weitere Fragen und Verhandlungstechniken zum Thema Gehalt im Kapitel „Gehalt", Seite 165ff..)
- Wird ein Dienstwagen gestellt?
- Gibt es eine betriebliche Altersvorsorge/Lebensversicherung?
- Wie ist die Arbeitszeit geregelt? (Gleitzeit?)
- Wieviele Tage umfaßt der Jahresurlaub?

Unzulässige Fragen im Vorstellungsgespräch

Es werden Ihnen im Bewerbungsgespräch auch Fragen gestellt, die Sie eigentlich nicht beantworten müssen, oder bei deren Beantwortung Sie lügen dürfen. Juristisch gesehen jedenfalls. Wir kennen Bewerber, die die unzulässigen Fragen auswendig gelernt haben, um dann das ganze Vorstellungsgespräch darauf zu warten, daß ihnen eine derartige Frage gestellt wird. In tiefster moralischer Inbrunst lehnen diese Kandidaten dann die Beantwortung weiterer Fragen ab. Besonders „sensible" Bewerber drohen manchmal sogar, damit den Personalrat oder/und die Gewerkschaft einzuschalten. Das Ergebnis dieser „politisch-korrekten" Fragenbeantwortung ist dann, daß der Personalverantwortliche die Einstellung des Kandidaten ablehnt.

Political correctness

Manchmal werden unzulässige Fragen auch gestellt, um die Reaktionen des Bewerbers zu testen. Insbesondere geht es hier um die Streßresistenz. Die Grenze zwischen einem wirklichen Interesse an der Beantwortung einer eigentlich unzulässigen Frage und dem Einsatz dieser Frage als Streßfrage ist sehr schmal.

Der gläserne Bewerber

Wichtig für Sie ist es, bei kritischen und emotional besetzten Fragen gelassen zu reagieren und überlegt zu antworten. Personalabteilungen sind keine Geheimdienste. Überschätzen Sie das Interesse am gläsernen Bewerber nicht. Wir haben es bei der Betreuung von weiblichen Kunden eher selten erlebt, daß nach Schwangerschaft oder Familienplanung gefragt wurde.

155

Checkliste *Unzulässige Fragen*

* Fragen nach Schwangerschaft und konkreter Familienplanung sind im Vorstellungsgespräch grundsätzlich unzulässig. Ausnahme: Wegen der Möglichkeit einer Fruchtschädigung darf eine Schwangere bestimmte geforderte Tätigkeiten nicht ausüben. Beispielsweise eine Tätigkeit in einer Röntgenabteilung, die mit erhöhter Strahlenbelastung verbunden ist oder eine Tätigkeit im Labor, die den Umgang mit gefährlichen Chemikalien beinhaltet.

* Fragen nach Konfession, Partei- und Gewerkschaftszugehörigkeit sind unzulässig. Ausnahmen gelten für „Tendenzbetriebe", d.h. eine Kirche, eine Partei oder eine Gewerkschaft stellt selbst ein, z.B. Personal für konfessionell gebundene Kindergärten oder Krankenhäuser.

* Die Frage nach Schwerbehinderungen ist erlaubt. Vorsicht: Kommt zu einem späteren Zeitpunkt heraus, daß der Bewerber zum Zeitpunkt der Einstellung schwerbehindert war, ist der Arbeitsvertrag von Anfang an nichtig.

* Die Zulässigkeit der Frage nach Aids ist noch nicht endgültig geklärt. Eine Aids-Infektion muß meistens nicht genannt werden, eine Aids-Erkrankung muß angegeben werden. Eine Aids-Infektion muß dann genannt werden, wenn die Tätigkeit andere Menschen gefährden kann.

* Fragen nach Lohnpfändungen und Vermögensverhältnissen sind unzulässig. Es sei denn, der Bewerber strebt eine Position mit umfangreichem Geldverkehr an, wie zum Beispiel Kassierer in einer Bank.

* Fragen nach Vorstrafen sind unzulässig. Ausnahmen: Die Vorstrafe ist für den Arbeitsplatz von direkter Bedeutung. Beispielsweise Verkehrsdelikte bei Außendienstmitarbeitern oder Unterschlagung bei Bewerbern um eine Stelle als Buchhalter.

Vorstellungsgespräche und Körpersprache

Im Vorstellungsgespräch kann Körpersprache Gegnerschaft und negative Spannung aufbauen aber auch Übereinstimmung und entspannte Atmosphäre herbeiführen.

Ihre Körpersprache wird im Vorstellungsgespräch beobachtet und in Beziehung zu Ihren Antworten gesetzt. Man achtet bei Ihnen auf Mimik, Gestik, Sitzhaltung, Tonfall, Sprechtempo und die Lautstärke Ihrer Stimme.

Überzeugen durch Körpersprache

Körpersprache wird häufig naiv interpretiert, viele Personalverantwortliche deuten verschränkte Arme als Abwehrhaltung. Eine personen- und situationsangemessene Bewertung findet oft nicht statt. Nutzen Sie diese Situation zu Ihrem Vorteil. Wenn Sie die Klischees der Körpersprache kennen und einsetzen, verbessern Sie Ihre Chancen im Vorstellungsgespräch deutlich.

Körpersprache für Naive

Die Anpassung Ihres Sprechtempos ist ebenso wichtig: Maschinenpistolenartiges Dauerreden verhindert, daß Ihre Argumente beim Zuhörer ankommen. Formulieren Sie zu langsam, hängt Ihr Gegenüber eigenen Gedanken nach. Entwickeln Sie ein Gespür für Situationsangemessenheit, achten Sie darauf, welches Sprechtempo die Fragenden benutzen und nehmen Sie diese Vorgabe auf.

Das Sprechtempo

Den Augenkontakt zu allen im Gespräch anwesenden Personen sollten Sie trainieren. Machen Sie nicht den Fehler, bei Ihren Antworten nur den Fragesteller anzugucken. Gerade bei drei Anwesenden fühlt sich der Dritte sonst schnell ausgegrenzt. Sie können sicher sein, daß alle, die dabei sind - Personalverantwortlicher, Geschäftsführer, Abteilungsleiter, Betriebsrat, Fachvorge-

Augenkontakt mit allen Anwesenden

setzter - sich eine Meinung über Sie bilden, die das Gesamtergebnis beeinflußt. Beziehen Sie alle Anwesenden im Vorstellungsgespräch durch Augenkontakt mit ein.

Konfrontation vermeiden

Revierverletzungen im Interview sind problematisch, weil Sie beim Zuhörer negative Gefühle hervorrufen und so von den Gesprächsinhalten ablenken. Wenn Bewerber während des Gespräches mitgebrachte Unterlagen oder Arbeitsproben achtlos auf den Tisch werfen, verstehen manche Interviewer dies als Kampfsignal. Nervöses Fingertrommeln auf der Tischplatte und zu dichtes Heranrücken an den Tisch wird ebenfalls als unangenehm und aufdringlich empfunden.

Abwehr und Blockade

Wenn Sie mit Streßfragen konfrontiert werden, registrieren Beobachter genau, wie Sie körperlich reagieren. Bewerberinnen und Bewerber, die ständig die Arme vor dem Oberkörper verschränken, sich nach vorne beugen und womöglich dabei die Beine ineinander verknoten, haben schlechte Karten. Von den Beobachtern werden solche Gesten als Unsicherheit und Abwehr gedeutet. Das Durchkneten von Papier, das Herumspielen mit einem Stift oder das nervöse Drehen am Ring ist ebenfalls ein Beleg für Ihre mangelnde Belastungsfähigkeit.

Richtig sitzen

Achten Sie darauf, daß Ihre Antworten von einer passenden Körpersprache unterstützt werden. Nehmen Sie beim Sitzen eine Grundhaltung ein, die Interesse und Offenheit dokumentiert. Sitzen Sie aufrecht mit dem Hintern an der Stuhllehne, stellen Sie die leicht(!) geöffneten Beine im rechten Winkel auf den Boden, so daß Ihre Fußsohlen vollen Bodenkontakt haben. Ihre Hände sollten einzeln oder übereinander gelegt (und nicht ineinander verschränkt) auf den Oberschenkeln liegen. Mehr Tips zur Körpersprache finden Sie in der folgenden Checkliste.

Checkliste *Körpersprache*

- **Sprechgeschwindigkeit:** Das Vorstellungsgespräch ist eine Streßsituation. Bewerber frieren unter Streß ein und reden zu langsam oder Sie werden hektisch und reden „ohne Punkt und Komma". Kontrollieren Sie Ihr Sprechtempo und verändern Sie es situationsangemessen.

- **Mehrere Interviewer:** Werden Sie im Vorstellungsgespräch von mehreren Personen befragt, sollten Sie darauf achten, daß Sie Ihre Sitzhaltung so ausrichten, daß Sie alle Interviewer in Ihrem Blickfeld haben. Vermeiden Sie es, sich nur auf eine Person auszurichten. Schauen Sie beim Antworten abwechselnd alle Anwesenden an.

- **Unsicherheit:** Die Standfestigkeit Ihrer Argumente unterstreichen Sie durch Ihr Blickverhalten. Weichen Sie dem Blick des Fragestellers nicht aus. Vermeiden Sie Verlegenheits- und Streßgesten wie Faust ballen, Finger ineinanderverschränken, mit Schmuck herumspielen, Papier falten.

- **Revierverletzung:** Trommeln Sie nicht mit Fingern oder Stiften auf dem Tisch des Fragenden. Sie verletzen sonst sein Revier und lenken von den Gesprächsinhalten ab.

- **Oberkörper:** Ein schräg nach vorne gerichteter Oberkörper signalisiert Anspannung und Gegnerschaft. Lehnen Sie sich immer wieder zurück, ohne dabei in lässiges Herumräkeln auf dem Stuhl zu verfallen.

- **Arme:** Verschränken Sie bei unangenehmen Fragen Ihre Arme nicht vor dem Körper! Dies wird als Verschlossenheit interpretiert. Auch als aktiver Bewerber dürfen Sie jetzt die Hände in den Schoß legen. Die beste Position für Ihre Hände ist, sie locker auf die Oberschenkel zu legen.

- **Beine:** Nach vorn gestreckte und dabei überkreuzte Beine wirken unsicher, besonders wenn der Befragte dabei im Stuhl immer weiter nach vorne rutscht. Stellen Sie Ihre Beine im rechten Winkel fest auf den Boden.

11. Beispielfragen und Beispielantworten

„**Weicht mir der Bewerber bei bestimmten Fragen aus, oder redet er mir nach dem Mund, dann ist er für mich aus dem Rennen.**"

Peter Ernst, Leiter Personalmarketing/-controlling, Hewlett-Packard

Damit Ihnen die Vorbereitung auf Vorstellungsgespräche leichter fällt, haben wir für Sie 20 Beispielfragen und Beispielantworten zusammengestellt. Diese Fragen tauchen in Bewerbungsgesprächen immer wieder auf.

Auswendig Gelerntes

Wer jetzt anfängt, unsere Beispielantworten auswendig zu lernen, schießt ein Eigentor. Unsere Antworten geben Ihnen einen Eindruck davon, was die „Gegenseite" inhaltlich von Ihnen erwartet. Es ist wichtig, daß Sie Ihren eigenen Antwortstil entwickeln bzw. ausbauen. **Ihr Ziel für das Vorstellungsgespräch ist es, mit eigenen Worten klar zu machen, warum Sie sich für diesen Arbeitsplatz entschieden haben** (siehe Kapitel „Überzeugen in drei Minuten: Ihr Verkaufsprospekt", Seite 30ff.). Durch unsere Beispielantworten bekommen Sie Anregungen dafür, wie Sie Ihre eigenen Ideen und Argumente umsetzen können.

Trainingstips

Der Trainingseffekt für Vorstellungsgespräche ist dann am größten, wenn Sie sich die Fragen von einem Freund oder Bekannten stellen lassen. Dabei können Sie sich an einem Tisch gegenübersitzen. Diese frontale Sitzposition baut Druck auf und läßt das Gespräch echter erscheinen. Mehr Tips zur Körpersprache und weitere Fragen aus Vorstellungsgesprächen finden Sie im Kapitel „Vorstellungsgespräche", Seite 129ff..

Fragen im Vorstellungsgespräch

1. Was würden Sie am ersten Tag in unserer Firma machen?

2. Was wollen Sie in fünf Jahren erreicht haben?

3. Was brauchen Sie, um beruflich erfolgreich zu sein?

4. Warum haben Sie sich gerade bei uns beworben?

5. Können wir Sie auch in anderen Unternehmensbereichen einsetzen?

6. Wo haben Sie sich sonst noch beworben?

7. Warum haben Sie Ihre Arbeitgeber mehrmals gewechselt?

8. Wie lange werden Sie in unserer Firma bleiben?

9. Nennen Sie mir Ihre zwei schönsten Erfolge!

10. Aus welchen Gründen haben Sie sich für Ihren Beruf entschieden?

11. Wenn wir einen Ihrer derzeitigen Kollegen fragen würden, wie würde er Sie beschreiben?

12. Wie verhalten Sie sich in unangenehmen Situationen?

13. Welche Eigenschaft stört Sie an Menschen am meisten?

14. Wie reagieren Sie, wenn Sie ungerechtfertigt kritisiert werden?

15. Welche Eigenschaften müßte Ihr idealer Vorgesetzter mitbringen?

16. Welchen Führungsstil bevorzugen Sie?

17. Erinnern Sie sich an Ihren schlechtesten Vorgesetzten. Was hat Sie am meisten an ihm gestört?

18. Wie entspannen Sie sich?

19. Welche Unterstützung bekommen Sie von Ihrer Partnerin/ Ihrem Partner für Ihren Beruf?

20. Was würden Sie machen, wenn Sie eine Millionen DM im Lotto gewinnen würden?

Antwortmöglichkeiten

1. „Ich machen mich mit meinen Kollegen, Mitarbeitern und Vorgesetzten bekannt, soweit dies nicht schon geschehen ist. Dann werde ich mich um die Entscheidungs- und Informationswege in der Firma kümmern und analysieren wie bisher Aufgaben bewältigt und Entscheidungen getroffen wurden."

2. „Ich möchte umfassendere Personal- und Budgetverantwortung erreichen. Mich würde auch reizen, für abteilungsübergreifende Projekte verantwortlich zu zeichnen."

3. „Aufgabenstellungen, in denen ich meine Stärken einsetzen kann (siehe Kapitel „Stärken und Schwächen", Seite 137ff.). Ich brauche aber auch die ergebnisorientierte Atmosphäre im Unternehmen und die Bereitschaft von zumindest großen Teilen der Belegschaft, im Sinne des Unternehmens etwas erreichen zu wollen."

4. „Weil meine bisherige berufliche Entwicklung mich darauf vorbereitet hat, die Aufgaben eines XYZ bei Ihnen zu übernehmen. So habe ich bereits ... Projektteams geleitet, die Materialbeschaffung neu organisiert, umfassende Vertriebserfahrung in Ihrer Branche gesammelt, das Office Management neu gestaltet ... (siehe Kapitel „Überzeugen in drei Minuten: Ihr Verkaufsprospekt", Seite 30ff.)."

5. „Ja, soweit es sich mit meinem beruflichen Profil vereinbaren läßt."

6. „Ich habe mich auch bei einigen anderen Firmen Ihrer Branche beworben, für die meine beruflichen Qualifikationen interessant sind."

7. „Ich habe bisher zwei wesentliche Tätigkeitsschwerpunkte verfolgt. Zum einen war dies die Neugestaltung von Aufgabenfeldern, zum anderen war es die Einarbeitung in bestehende Arbeitsabläufe. Bei meinen bisherigen Arbeit-

gebern habe ich die an mich gestellten Anforderungen stets erfüllt, jedoch auch die sich mir bietenden Möglichkeiten zum Wechsel in ein mich stärker forderndes Aufgabengebiet genutzt."

8. „Solange die Firma meine Arbeitskraft benötigt."

9. „Besonders schön fand ich, daß wir in meiner bisherigen Firma aufgrund der von mir eingebrachten Verbesserungsvorschläge die Fehlerquote in der Produktion drastisch reduzieren konnten." (Wählen Sie zwei berufliche Aufgaben aus Ihrem bisherigen Werdegang aus, die Sie besonders gut gelöst haben.)

10. „Die Chancen, die sich mir durch die Aufnahme einer Ausbildung zum/eines Studiums der ... geboten haben, konnte ich nutzen und habe mich daher nach der Ausbildung/nach dem Studium für die Aufnahme einer Tätigkeit als ... entschieden. Wichtig für mich sind die Möglichkeiten, ... zum direkten Kundenkontakt/im Betrieb organisatorisch tätig zu sein/abteilungsübergreifend zu arbeiten/Unternehmensstrategien in konkrete Arbeitsabläufe umzusetzen/technische Innovationen in Markterfolge umzusetzen/Mitarbeiter zu führen."

11. „Als jederzeit gesprächsbereit, zielorientiert und begeisterungsfähig. So konnten wir in unserer Abteilung ... durch gegenseitigen Informationsaustausch und Hilfe in der Startphase die Einführung einer neuen Software reibungslos gestalten." (Nennen Sie ein Beispiel aus Ihrer Berufspraxis, durch das die gute kollegiale Zusammenarbeit deutlich wird.).

12. „Ich löse Sie auf. Zuerst forsche ich nach den Ursachen, liegt es beispielsweise an Problemen bei der Umsetzung der Unternehmensstrategie in das Tagesgeschäft, sind vielleicht persönliche Spannungen unter den Mitarbeitern entstanden oder müssen eventuell bestehende Arbeitsabläufe neu strukturiert werden. Ein erster Schritt ist sicherlich immer das Gespräch mit den Beteiligten."

13. „Ich erwarte von mir, daß ich mit allen Menschen zurechtkomme. Im beruflichen Alltag erwarte ich, daß ein Mindestmaß an Ehrlichkeit und Einsatzbereitschaft vorhanden ist. In Geschäftsbeziehungen hat man auch mit schwierigen Kunden auszukommen."

14. „Ich versuche herauszubekommen, wo die Gründe für die ungerechtfertigte Kritik liegen. Menschen haben manchmal einen schlechten Tag, das geht meist schnell vorbei."

15. „Den Willen, etwas erreichen zu wollen. Er sollte in der Lage sein, eine Brücke zwischen den Firmeninteressen und der Eigenmotivation der Mitarbeiter zu bauen."

16. „Führung muß sich auf die Aufgabe und den einzelnen Mitarbeiter beziehen. Ich bevorzuge es, Aufgaben so zu delegieren, daß sie von dem einzelnen Mitarbeiter auch erfüllt werden können und ich kontrolliere die Erledigung der Aufgaben regelmäßig, um eine Rückmeldung an den Mitarbeiter geben zu können."

17. „Jeder hat so seine Eigenarten. Mit meinen bisherigen Vorgesetzten konnte ich immer vertrauensvoll zusammenarbeiten."

18. „Ich halte mich fit durch radfahren/wandern/schwimmen/ joggen und genieße die gemeinsamen Ausflüge mit meiner Frau/meinem Mann und meinen Kindern."

19. „Meine berufliche Entwicklung habe ich immer mit meiner Partnerin/meinem Partner abgesprochen und werde voll von ihr/ihm unterstützt."

20. „Ich würde mir ein Haus kaufen (soweit noch nicht geschehen) und mit dem restlichen Geld würde ich mich finanziell an der Entwicklung ausgesuchter Unternehmen beteiligen."

12. Gehalt

„Die Bewerber sollten eine fundierte und konkrete Vorstellung von der Gehaltshöhe besitzen und mit in das Gespräch einbringen."

Stephan Gerhard, Bundesverband der Deutschen Volksbanken und Raiffeisenbanken

Bei Bewerbern mit Berufserfahrung herrscht oft die Sorge vor, daß sie zuwenig Gehalt beim Stellenwechsel verlangen könnten, sich unter Preis verkaufen und die Chance einer spürbaren Gehaltsverbesserung nicht ausreichend nutzen. Oder sie befürchten, daß sie sich durch zu hohe Gehaltsforderungen frühzeitig selbst aus dem Rennen werfen.

Der Preis ist heiß

Aus der Sicht der Personalabteilungen sollte es Ihnen vorrangig um Ihre Karriere gehen. Fortschritte in der Karriere müssen Sie potentiellen Arbeitgebern gegenüber inhaltlich plausibel machen (siehe Kapitel „Berufswechsel begründen", S. 23ff.). Das Gehalt ist nur der formale Rahmen Ihrer zukünftigen Tätigkeit.

Einige Punkte müssen Sie allerdings bei Ihren Gehaltsvorstellungen beachten. Da deutlich werden soll, daß Sie „aufsteigen" möchten, also mehr Verantwortungs- und Gestaltungsräume in einer neuen Position suchen, sollte die neue Stelle auch besser dotiert sein als Ihre vorherige.

Als Richtschnur gilt: Verlangen Sie etwa 20% mehr Brutto-Jahresgehalt. Das ist für Personalverantwortliche plausibel, ansonsten wird vermutet, daß nicht nur der Wunsch nach dem nächsten Karriereschritt hinter Ihrem angestrebten Berufswechsel steht.

Wertsteigerung

165

Gehaltshöhe ermitteln

Brutto-Jahresgehalt

Argumentieren Sie immer mit Brutto-Jahresgehältern. Wenn Sie Monatsgehälter als Verhandlungsbasis angeben, haben Sie noch nicht die Anzahl der Monatsgehälter (12, 13 oder 14) geklärt. Ebensowenig haben Sie in Ihre Gehaltsvorstellungen Sonderleistungen und Vergünstigungen einbezogen.

Nutzen Sie Veröffentlichungen auf den Berufsseiten großer Tageszeitungen oder in Wirtschaftsjournalen als Anhaltspunkte für Ihre Gehaltswünsche. Oder die folgende Übersicht, die auf einer Befragung von 25.000 Angestellten beruht.

Gehälter von Angestellten

Unternehmensgröße bzw. Branche	Abteilungs- leiter	Gruppen- u. Projektleiter	Qualifizierte Spezialisten	Sachbe- arbeiter
bis 150 Beschäftigte	120.194	101.108	90.125	75.317
151 bis 500 Beschäftigte	127.917	104.843	92.866	77.850
501 bis 1500 Beschäftigte	136.555	107.492	93.199	80.186
1501 bis 6500 Beschäftigte	144.298	112.075	98.192	84.176
Maschinen- und Fahrzeugbau	138.385	104.880	92.368	84.809
Elektrotechnik, Elektronik	142.860	105.125	92.347	80.910
Chemie, Pharma	146.367	114.181	95.995	79.293
Bau, Baustoffe	132.297	111.508	89.407	77.263
Flugzeugbau	134.461	118.810	101.389	92.712
Nahrungs- und Genußmittel	133.834	101.913	91.436	78.146
Metall	138.140	105.341	89.364	73.691
Feinmechanik, Optik	136.781	102.540	94.583	88.443
Finanzdienstleistungen	132.786	111.460	98.994	81.162
Unternehmensberatung	158.915	115.646	92.298	77.629
Verkehr, Tourismus	127.310	114.391	90.410	81.576
Handel	127.286	104.491	92.669	79.001
Handwerk	103.883	105.496	73.315	k.A.

Quelle: geva-Vergütungsstudie (Befragung von 25.000 Fach- und Führungskräften)

Je nach Lage auf dem Arbeitsmarkt sind große Schwankungen möglich. Das Gehalt, das Sie in Ihrer neuen Position erzielen können, hängt stark von Ihrem aussagekräftigen Verkaufsprospekt ab. Informieren Sie sich über den Gehaltsrahmen, in dem sich Ihre angestrebte Position bewegt, denn Ihre Vertrautheit mit den Anforderungen der Branche zeigt sich auch daran, daß Sie mit der üblichen Gehaltshöhe vertraut sind.

Antworten Sie bei Fragen nach Ihren Gehaltsvorstellungen niemals unter Bezug auf den Bundesangestelltentarif/BAT des öffentlichen Dienstes. Berufswechsler, die auf BAT verweisen, trüben die Gesprächsatmosphäre in der freien Wirtschaft erheblich. „Öffentlicher Dienst" und „Tarif" sind negative Reizworte im Vorstellungsgespräch. Sie bringen Personalverantwortliche damit in eine genauso schlechte Stimmung, als wenn Sie „Gewerkschaft", „Frauenquote", „Betriebsrat", „35-Stunden-Woche" oder „Arbeitsgericht" rufen würden.

Negative Reizworte

Gehaltsforderungen taktisch durchsetzen

Vermeiden Sie es, aufgrund von Gehaltsvorstellungen schon bei der schriftlichen Bewerbung aussortiert zu werden. Halten Sie sich bei dem von Ihnen angestrebten Gehalt so lange wie möglich bedeckt. Sie können im Anschreiben auf folgende Formel zurückgreifen: „Zu meinen Gehaltsvorstellungen möchte ich mich erst nach weitergehenden Informationen über die ausgeschriebene Position äußern."

Gehaltsvorstellungen äußern?

Anders sieht es aus, wenn Sie in einer Stellenanzeige ausdrücklich aufgefordert werden, ihre Gehaltsvorstellungen in Ihrem Anschreiben zu nennen. In diesem Fall fügen Sie am Ende Ihres Anschreibens beispielsweise folgende Formulierung ein „Meine Gehaltsvorstellung liegt bei XX.XXX,- DM Brutto-Jahresgehalt.

Gehaltsdiskussionen gehören an das Ende eines Vorstellungsgespräches und nicht an den Anfang. Jeder weiß zwar, daß Sie arbeiten, um Geld zu verdienen. Trotzdem ist es ein ungeschriebenes Ritual des Bewerbungsverfahrens, daß Sie in erster Linie wegen der interessanten Position und der zukünftigen Aufgabenstellungen arbeiten wollen und daß das Gehalt lediglich eine zwangsläufige Konsequenz Ihrer ausgeübten Tätigkeit ist.

Aus unseren Erfahrungen wissen wir, daß ein interessanter Kandidat im Bewerbungsgespräch nur äußerst selten an den Gehaltswünschen scheitert. Im Gespräch läßt sich fast immer eine Lösung finden, die für beide Seiten akzeptabel ist. Dies können vertraglich vereinbarte Erhöhungen des Gehaltes nach der Probezeit sein oder vertraglich vereinbarte Zusatzleistungen wie die private Nutzung von Dienstwagen oder die Übernahme von speziellen Weiterbildungskosten, wie z.B. REFA-Scheine, Sprachausbildung, Computerkurse.

Wichtig dabei ist: Nur was schriftlich festgehalten wird, hat auch Bestand. Lassen Sie sich auf keinen Fall mit einem „Wenn Sie sich in unserer Firma bewähren, werden wir nach der Probezeit neu verhandeln " abspeisen.

Argumentieren Sie bei Gehaltsverhandlungen - wie im gesamten Bewerbungsverfahren - aus der Sicht der Firma. Verweisen Sie auf spezielle Anforderungen der ausgeschriebenen Position, die gerade Sie mit Ihren Kenntnissen und Fähigkeiten erfüllen. Branchenerfahrung, sofort einsetzbares Wissen und Spezialkenntnisse können Ihr neues Einkommen erhöhen.

Beispiel „*Taktisch verhandeln*"
Wenn man Ihnen am Ende des Vorstellungsgespräches mitteilt „Die von Ihnen geforderten 93.000,- DM Jahresgehalt können wir Ihnen beim besten Willen nicht zahlen", sollten Sie dies als Möglichkeit sehen, Ihren Nutzen für die Firma noch einmal darzustellen. Sie haben von der Gegenseite soeben ein Kaufsignal erhalten. Es geht jetzt darum, die Unsicherheit auf Seiten des neuen Arbeitgebers abzubauen. Zum Beispiel mit folgender Aussage: „Ich verfüge über umfassende Branchenerfahrungen, habe bei meinem bisherigen Arbeitgeber Großkunden betreut und die Zahl der Verkaufsabschlüsse in den letzten beiden Jahren jeweils um 25% steigern können. Die umfassende Kundenbetreuung in der neuen Position erfordert mehr Reisetätigkeit von mir. Ich glaube, daß ein Jahresgehalt von 93.000,- DM meine Berufs- und Branchenerfahrung angemessen honoriert." (Auch hier nehmen Sie wieder Bezug auf den vorher entwikkelten Verkaufsprospekt, siehe Kapitel „Überzeugen in drei Minuten: Ihr Verkaufsprospekt", Seite 30ff.)

Ein wesentlicher Teil des Gehaltsabgleiches am Ende des Bewerbungsgespräches ist Ihre Einordnung in das bestehende Gehaltsgefüge der Firma. Ihre Gesprächspartner auf der Firmenseite brauchen Argumente, um Ihre Gehaltswünsche gegenüber anderen Entscheidungsträgern rechtfertigen zu können. Ihr Einstiegsgehalt muß zu den Gehältern Ihrer zukünftigen Kollegen in einer vertretbaren Relation stehen.

Das Gehalt der anderen

Je klarer Sie im Gespräch herausarbeiten, was Sie von anderen Mitbewerbern positiv abhebt, desto stärker ist Ihre Verhandlungsposition.

Checkliste *Gehaltsfragen*

Stellen Sie sich bitte folgende Fragen, wenn Sie Ihr anzustrebendes Jahresgehalt ausarbeiten:

- Erhalten Sie Urlaubs- bzw. Weihnachtsgeld?
- Erhalten Sie vermögenswirksame Leistungen?
- Schließt die Firma für Sie Zusatzversicherungen ab?
- Kommen Sie in den Genuß von Firmenrabatten?
- Erhalten Sie kostengünstiges Mittagessen in der Kantine?
- Wie sind die Reisekostenvergütungen bemessen?
- Stellt man Ihnen einen Dienstwagen zur Verfügung?
- Gibt es eine zusätzliche betriebliche Altersvorsorge?
- Bewohnen Sie eine Firmenwohnung mit günstiger Miete? Stellt Ihr neuer Arbeitgeber Ihnen eine Firmenwohnung?
- Beteiligt sich Ihr neuer Arbeitgeber an den Umzugskosten oder übernimmt er sie komplett?
- Wie hoch ist Ihre bisherige Mietbelastung, und wie hoch sind die Mietpreise und Lebenshaltungskosten an Ihrem neuen Tätigkeitsort (Stadt-Land-/Nord-Süd-Gefälle)?
- Erhalten Sie Zusatzvergütungen für Außendienst- bzw. Auslandseinsätze?
- Werden Überstunden ausbezahlt?
- Kann Ihre Lebenspartnerin bzw. Ihr Lebenspartner weiterhin beruflich tätig sein? In welcher Übergangsfrist ist es möglich, eine adäquate Anstellung zu finden?
- Stehen Ihnen firmeneigene Telekommunikationseinrichtungen auch für den privaten Gebrauch zur Verfügung?
- Welche Weiterbildungskosten werden übernommen?
- Haben Sie aus Nebentätigkeiten zusätzliches Einkommen, das bei Ihrer neuen Stelle wegfallen würde?
- Sind Sie bereit, für Aufstiegs- und Entwicklungsmöglichkeiten in der neuen Firma Abstriche am Anfangsgehalt zu machen?

13. Assessment Center

„Mittlerweile werden sogar schon einfache Sachbearbeiter im Assessment Center getestet."
Kathrin Elsner, Wirtschaftsjournalistin, Süddeutsche Zeitung

Aussagekräftige schriftliche Unterlagen und ein überzeugendes Auftreten im Vorstellungsgespräch reichen vielen Firmen nicht. Bewerber treffen deshalb immer häufiger auf Assessment Center (AC). Die Firmen wollen sehen, wie die Bewerber im direkten Vergleich konkrete Aufgabenstellungen unter Zeitdruck lösen.

Gruppenauswahlverfahren AC

Assessment Center sind Gruppenauswahlverfahren, in denen mehrere Bewerber über einen längeren Zeitraum verschiedene Übungen vor mehreren Beobachtern durchführen. Üblicherweise werden sechs bis zwölf Bewerber für ein AC eingeladen. Diese Kandidaten werden von einer Gruppe von vier bis sechs Führungskräften aus dem Unternehmen beobachtet und bewertet. Die Beobachter sind zwei Hierarchiestufen über der Einstiegsposition der Bewerber angesiedelt. Bewerben Sie sich um eine Position als qualifizierter Sachbearbeiter, ist es der Abteilungsleiter, der Sie im AC beurteilt (Sachbearbeiter-Gruppenleiter-Abteilungsleiter). Neben den Beobachtern und den Kandidaten sind ein bis zwei Vertreter der Personalabteilung oder einer externen Personalberatung anwesend, die für den Ablauf des AC zuständig sind.

Auswahlziel Persönlichkeit

Alle AC-Übungen haben den Zweck, die persönlichen Fähigkeiten der Bewerber festzustellen, die fachlichen Kenntnisse sind mit der Einladung ins AC bereits akzeptiert. Wenn Sie sich auf ein Assessment Center gründlich vorbereiten möchten, sollten Sie unseren Ratgeber „Assessment Center Vorbereitung für Fach- und Führungskräfte", ISBN 3-929558-08-4, durcharbeiten, mehr Informationen dazu auf Seite 187.

Übungen im Assessment Center

Im Assessment Center für Angestellte müssen Sie fast immer mit diesen Übungen rechnen:

- Selbstpräsentation
- Gruppendiskussion
- Rollenspiel und
- Vortrag

Die AC-Übung Postkorb wird seltener eingesetzt. Interviews (Vorstellungsgespräche) mit der Fach- und/oder der Personalabteilung werden zum Teil in das Assessment Center integriert aber auch dem AC vorgeschaltet.

Emotionale Stabilität ist gefragt

Sie erhalten die Aufgabenstellungen im Assessment Center üblicherweise in schriftlicher Form ausgehändigt und bekommen genaue Angaben für die Ihnen zur Verfügung stehende Vorbereitungszeit und für die anschließende Dauer der eigentlichen Übungsdurchführung. Bei den meisten Übungen ist der Zeitrahmen knapp bemessen. Der Grund dafür ist: Wenn Sie unter Zeitdruck geraten, kann man Ihr Streßverhalten unmittelbar beobachten.

Unklare Einladungen

Welche Übungen Ihr spezielles Assessment Center enthält, erfahren Sie nur selten in der schriftlichen Einladung. Meist werden Sie nur eine allgemein formulierte Einladung erhalten. Ihnen wird lediglich mitgeteilt, daß Sie sich bitte den ganzen Tag für das Unternehmen freihalten. Informationen über die Übungen, die Sie erwarten, über die Anzahl der Kandidaten, die noch eingeladen werden, und über die Anzahl der zu vergebenden Positionen enthält die Einladung in der Regel nicht. Diese Informationen erhalten die Teilnehmerinnen und Teilnehmer erst zu Anfang des Assessment Centers.

Checkliste *AC Übungen*

- Selbstpräsentation
- Gruppendiskussion
  - führerlos oder geführt
  - mit oder ohne Rollenvorgabe
  - mit oder ohne Zielvorgabe/Entscheidungsübung
- Rollenspiele
  - Kritikgespräch (Mitarbeitergespräch)
  - Kundengespräch
- Vorträge
  - mündliche Themenpräsentation, evtl. mit anschließender Diskussion
  - vorgegebenes oder selbstgewähltes Thema
- Postkorb
  - mit schriftlicher Ergebnispräsentation
  - mit mündlicher Ergebnispräsentation und Befragung
- Einzelinterviews
  - mit der Personalabteilung und/oder der Fachabteilung
  - strukturiert oder unstrukturiert
- Fallstudien
  - mit schriftlicher Ergebnispräsentation
  - mit mündlicher Ergebnispräsentation
- Aufsätze
  - schriftliche Themenpräsentation
  - vorgegebenes oder selbstgewähltes Thema
- Planspiele
- Konstruktionsübungen
- Tests
  - Persönlichkeitstests
  - Intelligenztests
  - Leistungstests
- Selbst-/Fremdeinschätzung und -bewertung
  - Peer-ranking: Gesamteinschätzung der Kandidaten
  - Peer-rating: Bewertung der einzelnen Übungsleistungen

Anforderungen im AC

Was wird bei den einzelnen AC-Übungen beobachtet und bewertet? Welche Verhaltensweisen gelten als erwünscht und welche sind tödlich für Ihr Abschneiden im Assessment Center?

Halo-Effekt

Die auf der übernächsten Seite folgende Checkliste der Anforderungsdimensionen in den einzelnen Übungen verwirrt nicht nur Sie. Psychologische Untersuchungen bei Führungskräften auf der Beobachterseite haben gezeigt, daß der „Halo-Effekt", also das Überstrahlen von einzelnen Merkmalen durch ein besonders klar erkennbares Merkmal, auch im AC durchschlägt. Für Sie bedeutet das beispielsweise, daß Sie immer dann, wenn Sie für besonders sympathisch gehalten werden, auch als besonders intelligent, belastbar oder zupackend gelten.

3D-Modell

Unserer Erfahrung nach lassen sich alle Beobachtungsdimensionen im Assessment Center auf drei Grunddimensionen zurückführen.

Diese Grunddimensionen sind

*   Leistungsbereitschaft,
*   Anpassungsbereitschaft und
*   emotionale Stabilität.

Sie sammeln in allen Übungen Punkte, wenn Sie auf der Assessment Center Bühne ergebnisorientiert agieren und sich dabei nach den drei Grunddimensionen ausrichten. Beachten Sie:

*   Der Einsatz von Medien wie Flip-Chart und Overheadprojektor ist im AC zwingend erforderlich, wenn diese Medien vorhanden sind. Visualisieren Sie Ihre

174

Selbstpräsentation, Ihre Fallstudien oder die Ergebnisse von Gruppendiskussionen. So erleichtern Sie es Ihren Zuhörern, Ihrer Argumentation zu folgen.

- Um spätere Projektarbeit zu simulieren, werden AC's gelegentlich mit Bewerbern, die sich hinsichtlich ihrer Ausbildung unterscheiden, durchgeführt, beispielsweise mit Kandidaten aus den Bereichen Jura, Betriebswirtschaft und Ingenieurswissenschaften. Sie sammeln hier Punkte, wenn Sie als Jurist auch einmal das Wort Qualitätssicherung verwenden, wenn Sie als Ingenieurin auf Folgen von Produkthaftung hinweisen, oder wenn Sie als Marketingexperte von der Notwendigkeit der Zertifizierung nach DIN EN ISO 9000ff. sprechen.

- Bei Gruppendiskussionen und Vorträgen muß Ihre Wortwahl aktiv, zielgerichtet und zupackend sein. Stellen Sie sich nicht als von äußeren Umständen getriebener Kandidat, sondern als aktiver Problemlöser dar.

- Der Umgang mit Zeitvorgaben wird im AC sehr ernst genommen. Wenn Sie für ein Mitarbeitergespräch/ Kritikgespräch fünf Minuten Zeit eingeräumt bekommen, müssen Sie diese Vorgabe unbedingt einhalten. Wir haben in zahlreichen Assessment Centern, die wir betreut haben, erlebt, daß nach Überschreiten der Zeitvorgabe die Übung ohne Ergebnis abgebrochen wird! Schlußfolgerung der Beobachter, Ihr Zeitmanagement betreffend: „Wenn der Bewerber fünf Minuten für eine Aufgabe im AC bekommt und er sie nach zehn Minuten noch nicht gelöst hat, wird er im beruflichen Alltag für die Erstellung einer Entscheidungsvorlage zehn Tage brauchen, wenn er als Vorgabe fünf Tage bekommt.

175

Checkliste *AC Anforderungen*

Präsentation/Vortrag

- *Worum geht es?:* Sachverhaltsanalyse, Auffassungsvermögen, Einfühlungs- und Überzeugungsvermögen, Kreativität, Selbstwahrnehmung, mündliche Kommunikation
- *Was ist zu beachten?:* Analyse der Zuhörerschaft, Medieneinsatz, Körpersprache, strukturieren/gliedern, Ziel definieren, Handlungsaufforderung am Ende

Gruppendiskussion

- *Worum geht es?:* Kommunikationsverhalten, Initiative, Informationsverhalten, Auffassungs-, Einfühlungs-, Überzeugungsvermögen, emotionale Stabilität, Selbstwahrnehmung, Ausdauer/Frustrationstoleranz, Flexibilität
- *Was ist zu beachten?:* Auf gemeinsames Ergebnis hinsteuern, Meinungen begründen, Konflikte auflösen, andere in Diskussion einbeziehen, Argumente zusammenfassen, Körpersprache beachten, Medieneinsatz

Rollenspiele

- *Worum geht es?:* Führungskompetenz, Entscheidungsfähigkeit, Kommunikationsverhalten, Informationsverhalten, Auffassungs-, Einfühlungs-, Überzeugungsvermögen, emotionale Stabilität, Selbstwahrnehmung
- *Was ist zu beachten?:* Interessen der Rolle vertreten, aktives Zuhören, paraphrasieren, verbalisieren, Standpunkte zusammenfassen, offene Fragen bevorzugen, Entscheidungen treffen, Körpersprache beachten

Postkorb

- *Worum geht es?:* Arbeitsorganisation, Entscheidungsbereitschaft, Sorgfalt, Auffassungsvermögen, analytisches Denken, Wissen um betriebliche Abläufe, schriftliche Kommunikation, Frustrationstoleranz, Streßresistenz
- *Was ist zu beachten?:* Verknüpfung inhaltlich zusammengehörender Vorgänge, Verantwortlichkeiten beachten, Arbeiten in beherrschbare Schritte zerlegen, Entscheidungen begründen, Termine festlegen

14. Bewerben mit 40 plus

„Jemand, der im Vorstellungsgespräch offen und selbstbewußt wirkt, hat bei uns bessere Chancen als jemand, der verschüchtert in der Ecke sitzt."

Bernhard Wilken, Konzern-Personalleiter, Spar-Handels AG

Für Bewerber mit 40 und mehr Jahren gelten im Bewerbungsverfahren zusätzliche Anforderungen, die oft unausgesprochen bleiben. Sie müssen diese Anforderungen berücksichtigen, wenn Sie sich mit Ihrer Bewerbung durchsetzen wollen.

Personalverantwortliche unterteilen ältere Bewerber gerne in „work horses" und „dead wood". Wird aus Ihrer Bewerbung deutlich, daß Sie ein Arbeitstier sind und weiterhin die berufliche Bestätigung suchen? Oder lassen Ihre Bewerbungsunterlagen vermuten, daß Sie zwar meinen sich bewerben zu müssen, sich aber am liebsten aus dem anstrengenden Berufsalltag zurückziehen möchten?

„work horse" oder „dead wood"?

Entkräften Sie Vorurteile

Würden Sie jemanden einstellen, der

- zum Stillstand gekommen ist,
- sich nicht mehr weiterentwickelt,
- frustriert ist und innerlich gekündigt hat,
- Erfolgserlebnisse im Freizeitbereich sucht,
- keine Ziele mehr hat,
- keine Anpassungsfähigkeit besitzt,
- geistige Beweglichkeit vermissen läßt?

Wir erleben in unserer Beratungspraxis immer wieder, daß 40 plus Bewerberinnen und Bewerber ganz unabsichtlich in ihren Bewerbungen diesen Eindruck erwecken. Dieser negative Eindruck entsteht durch ein Zusammenwirken von ungeschickten Formulierungen auf der Bewerberseite und von Vorurteilen auf der Seite der Personalverantwortlichen.

Die richtige Verpackung

Bei jedem unserer Kunden war und ist es möglich, einen zupackenden erfolgsorientierten Präsentationsstil zu entwickeln. Und zwar deswegen, weil die Erfolge und die Persönlichkeit vorhanden sind. Wie Sie Sympathie erzeugen und sich erfolgreich in Szene setzen, erfahren Sie im Kapitel „Überzeugen in drei Minuten: Ihr Verkaufsprospekte" auf den Seiten 30ff..

Positive Formulierungen zeigen, daß Sie fest mit beiden Beinen im Berufsleben stehen und erfolgsorientiert sind. Vermeiden Sie negative Signalwirkungen durch eine breite Darstellung Ihrer Hobbys und den Bezug auf formale Positionen in der Betriebshierarchie, ohne diese inhaltlich zu füllen. Alles dies läßt auf einen beginnenden Rückzug aus beruflicher Verantwortung schließen und bestätigt typische Vorurteile gegen Bewerber mit 40 plus. Weitere Möglichkeiten Vorurteile gegen 40 plus Bewerber zu bestätigen und sich selbst aus dem Bewerbungsverfahren zu werfen sind:

- Sie kokettieren mit Ihrem Alter, entschuldigen sich womöglich dafür.
- Sie erzählen Anekdoten aus Ihrer Ausbildungszeit.
- Sie konzentrieren sich bei der Darstellung Ihrer Fähigkeiten auf weit zurückliegende Tätigkeiten, nicht auf die momentane Position.
- Sie erwähnen Urlaubsregelungen und Sozialpläne.

- Opa kommt! Sie sprechen viel über die Schul- und Studienerfolge Ihrer Kinder, womöglich über Ihre Enkel.
- Sie berichten ausdauernd darüber, wie man Aufgaben an Ihrer letzten Arbeitsstelle gelöst hat. Auf die Anforderungen des neuen Arbeitgebers gehen Sie nicht ein.
- Bei Problemen am Arbeitsplatz waren alle anderen schuld, nur Sie selbst nicht.
- Sie schimpfen über Ihren alten Arbeitgeber.
- Sie behaupten, daß Ihre Vorgesetzten und Mitarbeiter Sie blockieren.
- Sie erwecken den Eindruck, daß alle, die weniger Berufserfahrung als Sie haben, eigentlich „grüne Jungs" sind, insbesondere die Ihnen gegenübersitzenden Personalverantwortlichen.
- Sie meinen, daß man alles auf dem „praktischen Weg" lösen kann, ohne sich weiter mit Hintergrundinformationen zu beschäftigen. Motto: „Bücher lesen? Das einzige Buch, das ich anfasse, ist mein Scheckbuch!"

Sie müssen damit leben, daß man bestimmte Vorurteile Ihnen gegenüber hat. Durch eine gute inhaltliche Ausgestaltung Ihres Verkaufsprospektes lassen Sie Vorurteile gar nicht erst aufkommen und entkräften diese im Vorwege. Rechnen Sie jedoch damit, daß man Sie mit diesen Vorurteilen im Bewerbungsgespräch konfrontiert. Die Zielrichtung dabei ist, zu überprüfen, wie streßresistent Sie sind und inwieweit Sie sich mit sich selbst auseinandergesetzt haben. Bereiten Sie sich mit den Kapiteln „Vorstellungsgespräche", Seite 129ff., und „Stärken und Schwächen", Seite 137ff., vor. Besonderheiten des

Reflektionsfaktor

Vorstellungsgesprächs mit 40 plus erläutern wir Ihnen am Ende dieses Kapitels.

Die 40 plus Besonderheiten

Ihre Vorteile

Ihr Vorteil bei der Bewerbung mit 40 plus ist, daß Sie bei der Darstellung Ihrer Fähigkeiten auf vielfältige berufliche Situationen zurückgreifen können. Ein weiterer Vorteil ist, daß Sie einiges dafür tun können, daß man Ihnen interessante berufliche Positionen anbietet. Sie als langjährig Berufstätiger haben die Möglichkeit, Kontakte auf Messen, Tagungen, Weiterbildungsseminaren, Kongressen und inoffiziellen Treffen mit Geschäftspartnern aufzubauen. Zu den Besonderheiten dieser Kontaktaufnahmen lesen Sie bitte das Kapitel „Kreative Kontaktaufnahme", Seite 54ff., da Sie bei dieser Form der Karriereplanung viele Möglichkeiten, aber auch einige Fallen erwarten.

Wenig Zeit für viel Erfahrung

Das Hauptproblem der 40 plus Bewerber ist, sich ein knappes und zugleich aussagekräftiges berufliches Profil für Anschreiben und Vorstellungsgespräche zu erarbeiten. Können Berufseinsteiger ihre Bewerbung noch allgemeiner formulieren, so müssen Sie als Berufserfahrener Ihre Bewerbung optimal auf die angestrebte Stelle hin ausrichten. Aus der Fülle Ihrer beruflichen Erfahrungen müssen Sie diejenigen auswählen und breiter darstellen, die für die angestrebte Position wichtig sind. Die anderen Erfahrungen, die nicht direkt für die neue Position verwertbar sind, gelten im Anschreiben als „Informationsmüll" und bleiben deshalb außen vor.

Das gleiche gilt für die Gestaltung Ihres Lebenslaufes. Gewichten Sie für verschiedene Stellen die Darstellung Ihrer bisherigen beruflichen Stationen im Lebenslauf un-

180

terschiedlich. Setzen Sie in Ihren Lebensläufen dort Schwerpunkte, wo Sie spezielle Anforderungen der neuen Position ausführlicher belegen müssen. Weniger wichtige berufliche Stationen, insbesondere weit zurückliegende, können bzw. müssen Sie kürzer darstellen.

Tip: Ihre schriftlichen Unterlagen sind der erste persönliche Eindruck, den man im Unternehmen von Ihnen gewinnt. Sie müssen diese erste Arbeitsprobe für Ihren zukünftigen Arbeitgeber bestehen. Es ist kein Geheimnis, daß gerade 40 plus Bewerber mit einem Handicap ins Bewerberrennen gehen. Leider „steigern" Sie Ihr Handicap durch lieblos gestaltete Bewerbungsunterlagen. Formal ansprechende und aussagekräftige Unterlagen eröffnen Ihnen Chancen und ermöglichen Ihnen, mit Ihrem Bonus Berufserfahrung zu punkten.

Für alle Bereiche der Bewerbung gilt bei 40 plus Kandidaten: Ihre berufliche und persönliche Entwicklung muß deutlich werden. Da Sie überzeugen wollen, stellen Sie Ihre berufliche Weiterentwicklung dar, beispielsweise durch die Übernahme neuer Verantwortungsbereiche, neuer Aufgaben, die Leitung von Projekten, ehrenamtliches Engagement und berufliche Erfolge. Formulieren Sie so, daß erkennbar wird, daß Sie Ihre berufliche Entwicklung aktiv beeinflußt haben. Verdeutlichen Sie, wie Sie sich ständig neue Ziele gesetzt haben und durch welche Maßnahmen Sie diese Ziele erreicht haben.

Ein arbeitsreiches Leben

Verschwommene Wünsche wie „Ich wollte schon immer 'mal 'was anderes machen" oder „Das kann doch noch nicht alles gewesen sein", sind keine tragfähige Basis, um andere - hier: Personalverantwortliche - von sich zu über-

Stillstand oder Entwicklung?

zeugen. Vorsicht auch mit Brüchen in Ihrer Karriere oder nicht begründeten Berufswechseln. Wie Sie einen holprigen Lebensweg glätten und Ihre berufliche Entwicklung zielgerichtet darstellen können, lesen Sie auf den Seiten 23ff. im Kapitel „Berufswechsel begründen".

Vor 20 Jahren

Es hat sich viel geändert: Personalauswahl setzt heute auf Methoden, die vor 20 Jahren noch nicht im Gespräch waren. Häufig werden externe Spezialisten, wie Personalberatungen, mit der Auswahl geeigneter Kandidaten beauftragt. Auch in den Firmen ist die Personalauswahl immer weiter von den Fachabteilungen hin zu den Profis in den Personalabteilungen verlagert worden. Der 40 plus Bewerber muß in der Lage sein, das neue Bewerbungsspiel erfolgreich mitzuspielen. Neue Anforderungen aus den Bereichen der persönlichen Fähigkeiten sind gleichrangig neben die fachlichen Kenntnisse getreten: Projektarbeit, Lean Management, Total Quality Management und Business Reengineering sind auf Seiten der Arbeitsorganisation das Spiegelbild der Anforderungen an den „modernen" Bewerber.

Aneinander vorbeigeredet

Wir erleben oft, daß 40 plus Bewerber im Arbeitsleben diesen neuen Anforderungen gerecht werden. Problematisch ist jedoch oft die Darstellung der persönlichen Fähigkeiten im schriftlichen und mündlichen Bewerbungsverfahren. Immer wieder reden gerade 40 plus Bewerber und Personalverantwortliche aneinander vorbei. Sie können sich mit den Kapiteln „Was Firmen von Bewerbern erwarten", Seite 11ff., und „Überzeugen in drei Minuten: Ihr Verkaufsprospekt", Seite 30ff., vorbereiten.

Checkliste *Bewerberfehler 40 plus*

- Je mehr berufliche Erfahrung Bewerber gesammelt haben, desto präziser müssen sie ihre Bewerbung aufbereiten. Die zentrale Frage ist: „Was haben Ihre bisherigen beruflichen Erfahrungen mit der ausgeschriebenen Position zu tun?"

- Überzeugen Sie durch optimale Bewerbungsunterlagen: Die schriftliche Bewerbung gilt als erste Arbeitsprobe. Sie zeigen durch gut aufbereitete Unterlagen, daß Sie ein Mensch sind, der bei neuen Herausforderungen geistig „am Ball bleibt".

- Nichts differiert mehr als die Anforderungen, die unter der gleichen Berufsbezeichnung an Sie gestellt werden. Berufsbezeichnungen haben oft reine Etikettierungsfunktion: Argumentieren Sie inhaltlich und nicht formal. Wichtiger als der Name der Position, die Sie bekleidet haben, sind Ihre Tätigkeitsinhalte.

- Passen Sie nicht nur das Anschreiben, sondern auch Ihren Lebenslauf bei jeder Bewerbung neu an.

- Zeigen Sie durch konkrete Beispiele, daß Sie ein Mensch sind, der sowohl bei der eigenen beruflichen Entwicklung als auch bei Aufgabenstellungen am Arbeitsplatz von sich aus aktiv wird.

- Machen Sie Ihre bisherige Entwicklung deutlich. Stellen Sie dar, welche Ziele Sie sich gesetzt haben, und verdeutlichen Sie, mit welchen Maßnahmen (beispielsweise Weiterbildungen) Sie diese Ziele erreicht haben.

- Verbinden Sie Ihre fachlichen Kenntnisse mit der Darstellung Ihrer persönlichen Stärken. 40 plus Bewerber scheitern selten an fachlichen, eher an menschlichen Defiziten.

Das 40 plus Vorstellungsgespräch

Den Bewerber mit 40 plus erwarten vertiefende Fragen in folgenden Themenkomplexen des Vorstellungsgespräches:

- Emotionale Stabilität
- Leistungsmotivation
- Führungsverhalten
- Familie und Freizeit

Darüber hinaus wird von Ihnen erwartet, daß Sie gezielt Fragen zu Ihrer angestrebten Position und zur Firma stellen können (siehe Kapitel „Bewerberfragen", Seite 152ff.).

Der Märchenonkel

Aus unserer Beratungspraxis wissen wir, daß 40 plus Bewerber zu überlangen Antworten aufgrund ihrer vielfältigen beruflichen und privaten Erfahrungen neigen. Dieser „Märchenonkelstil" zeigt Ihrem Gegenüber, daß Sie nicht in der Lage sind, Informationen auf den Punkt zu bringen und sich auf Gesprächsimpulse des Personalverantwortlichen (und damit auch anderer Mitarbeiter in der Firma) einzustellen. Die Gegenreaktion „Jetzt rede ich im Telegrammstil, meine persönlichen Angelegenheiten gehen sowieso keinen etwas an", zeigt zwar, daß Sie trotzig wie ein Kind sein können, das ist aber nicht die Jugendlichkeit, die man von Ihnen erwartet.

Es war einmal...

Optimieren Sie daher Ihr Sprachverhalten. Kontrollieren Sie Ihre Kommunikation auf Abschweifungen und überlange Antworten. Trainieren Sie, gegebenenfalls kürzer und knapper zu antworten, wecken Sie dabei aber das Interesse des Gesprächspartners durch die Darstellung von aktuellen Projekten und Sonderaufgaben. So kann

184

die andere Seite Ihre Kompetenzen erkennen und hat die Möglichkeit, gezielt nachzufragen.

Vermeiden Sie in Vorstellungsgesprächen Formulierungen wie „zu meiner Zeit war alles anders" oder „heute wüßte ich, was ich besser machen würde". Man wird Sie nicht als ehemals 25jährigen einstellen, sondern nur dann, wenn man von Ihnen als 40 plus-jährigem überzeugt ist.

Das Licht erlöscht

Wichtig für Personalverantwortliche ist es, Ihre Leistungsfähigkeit und -willigkeit festzustellen. Bei der Einschätzung dieser beiden Punkte treffen Sie natürlich auch auf gewisse Vorurteile gegenüber 40 plus Bewerbern. Sehen Sie die Situation Vorstellungsgespräch einmal aus der Sicht derjenigen, die Sie beurteilen wollen:

- „Ist sie/er vom langen Berufsleben ausgebrannt?"
- „Bringt er noch die Leistung, die ich von einem Jüngeren erwarten kann?"
- „Kann er sich noch an einen neuen Kollegenkreis gewöhnen?"
- „Gehen mit zunehmendem Alter auch zunehmende Fehlzeiten einher?"
- „Kaufe ich einen theorieblinden Praktiker ein?"
- „Wechselt er, um eine neue Herausforderung zu suchen oder weil er mit den Anforderungen seiner bisherigen Stelle nicht mehr zurechtkommt?"
- „Ist er in seinem bisherigen Arbeitsumfeld kaltgestellt worden?"

Diese Überlegungen stellt die Gegenseite an und wird im Vorstellungsgespräch Antworten auf diese Fragen suchen. Überzeugen Sie, indem Sie noch einmal das Kapitel „Vorstellungsgespräche", Seite 129ff., durcharbeiten. Setzen Sie sich zusätzlich mit folgenden speziellen Fragen für 40 plus Bewerber auseinander:

Die Gedanken der anderen

Checkliste *Spezialfragen 40 plus*

- Sind Sie nicht zu alt für diese Position?
- Sie laufen doch die 200 Meter auch nicht mehr in derselben Zeit wie mit 20 Jahren. Glauben Sie nicht, daß Ihre Leistungsfähigkeit gesunken ist?
- Halten Sie es für richtig, den Nachwuchs zu blockieren?
- Warum machen Sie nicht Karriere in Ihrer alten Firma?
- Wie alt muß Ihr Stellvertreter sein, wie alt darf er höchstens sein?
- Haben Sie noch Ziele? Wo wollen Sie mit 55 und wo mit 60 Jahren stehen?
- Was machen Sie nach Ihrem aktiven Erwerbsleben?
- Wieviel Erfahrung braucht eine Führungskraft?
- Was haben Sie jüngeren Kollegen voraus?
- Was würden Sie anders machen, wenn Sie noch einmal die Wahl hätten von vorne anzufangen?
- Wieviel Prozent des Jahres bestehen aus Arbeit, wieviel Prozent widmen Sie der Familie, wieviel Prozent sind Freizeit, wieviel Prozent ehrenamtliches Engagement?
- Haben Sie schon einmal über Ihre Erfolge und Mißerfolge nachgedacht? Nennen Sie uns jeweils drei Beispiele!
- Wie haben Sie sich in den letzten Jahren persönlich entwickelt? Was war anders mit 20 und was mit 30 Jahren?
- Werden Sie sich noch einmal beruflich umorientieren?
- Sind Sie bereit umzuziehen, falls unsere Firma den Standort wechselt?
- Wieviele Fehltage eines Mitarbeiters sind Ihrer Meinung nach vertretbar? Und wie viele bei über 40jährigen?
- Warum haben Sie Ihre Stelle so oft (noch nie) gewechselt?
- Wie war Ihre bisherige Zusammenarbeit mit Mitarbeitern und Kollegen?
- Was haben Sie für Ihre fachliche Weiterbildung getan?

Christian Püttjer + Uwe Schnierda

Assessment Center Vorbereitung
für Fach- und Führungskräfte

Der Praxisratgeber für Ihren beruflichen Erfolg
Mit 16 Checklisten!

Assessment Center Vorbereitung
für Fach- und Führungskräfte

16 Checklisten, 239 Seiten, 39,80 DM
Sit Up!-Verlag, ISBN 3-929558-08-4

Inhalt

- Wer gewinnt im Assessment Center?
- Die Fehler der Beobachter
- Selbstpräsentation
- Heimliche Übungen
- Gruppendiskussionen
- Vorträge
- Interviews
- Rollenspiele
- Postkorb, Selbst- und Fremdeinschätzung
- Einzelassessment

Einzelbetreuung

- Individuelle Bewerbungsberatung -

Einzelbetreuung: 120,- DM • Stunde
(Stand November 1998. Preisänderungen vorbehalten.)

- Wir formulieren Ihr individuelles Anschreiben und Ihren Lebenslauf.
- Wir bereiten Sie intensiv auf Bewerbungsgespräche und Streßinterviews vor.
- Sie trainieren mit Video-Feedback alle Assessment Center Übungen: Gruppendiskussionen, Kritikgespräche, Kundengespräche, Selbstpräsentation, Vorträge, Fallstudien, Postkorb

Pressestimmen

Handelsblatt	Mit Rat und Tat zum Berufserfolg
Kieler Nachrichten	Mit Schwung zum Karrieresprung
Göttinger Magazin	Die richtige Technik für's Karriereziel
Die Zeit	Bewerbungsberatung und Training für Akademiker
AUDIMAX	Das perfekte Self-Promoting
Manager Magazin	Lohnende Lektüre: Viele gute Checklisten, Beispiele und Übungen

Vereinbaren Sie für die Einzelbetreuung einen Termin mit uns

Püttjer + Schnierda
Bewerbungsberatung • Kommunikationstraining
Knorrstr. 1, 24106 Kiel; Mo und Mi, 11 bis 13 Uhr
☎ (0431) 33 02 94   Fax (0431) 33 02 75

Seminare

➤ Assessment Center Training

➤ Die Übungen: Selbstpräsentation, Vortrag, Gruppendiskussion, Rollenspiele, Interview

➤ Die Beobachterperspektive

➤ Anforderungsdimensionen erkennen

➤ Körpersprache, Vortrags-, Moderations- und Gesprächs-
techniken optimal einsetzen

Kosten: 950,- DM ● 2 Tage

➤ Bewerbungstraining

➤ Fachliche, soziale und methodische Kompetenz

➤ Karriereziel-Bestimmung

➤ Schriftliche Bewerbungsunterlagen
Muß- und Kann-Anforderungen in Stellenanzeigen
Individuelle Anschreiben und positionsbezogene Lebensläufe

➤ Das Bewerbungsgespräch
Typische Fehler, Streßfragen, Körpersprache

Kosten: 950,- DM ● 2 Tage

**Alle Inhalte werden in konkreten Übungen mit Video-
Feedback umgesetzt.**

Aktuelle Termine bei

Püttjer + Schnierda
Bewerbungsberatung ● Kommunikationstraining
Knorrstr. 1, 24106 Kiel; Mo und Mi, 11 bis 13 Uhr
☎ (0431) 33 02 94   Fax (0431) 33 02 75

Stichwortverzeichnis